U0023865

全球經濟大蕭條

山田伸二◎著
楊雯琇◎譯

「NEO系列」叢書總序

Novelty 新奇・Explore 探索・Onward 前進
Network 網絡・Excellence 卓越・Outbreak 突破

世紀末，是一襲華麗？還是一款頹廢？
千禧年，是歷史之終結？還是時間的開端？
誰會是最後一人？大未來在哪裡？

複製人成為可能，虛擬逐漸替代真實；後冷戰時期，世界權力不斷地解構與重組；
歐元整合、索羅斯旋風、東南亞經濟危機，全球投資人隨著一波又一波的經濟浪潮而震

全球經濟大蕭條 II

漫不已；媒體解放，網路串聯，地球村的幻夢指日可待；資訊爆炸，知識壟斷不再，人力資源重新分配……

地球每天自轉三百六十度，人類的未來每天卻有七百二十度的改變，在這樣的年代，揚智「NEO系列叢書」，要帶領您——

整理過去．掌握當下．迎向未來

全方位！新觀念！跨領域！

譯者導讀

楊雯琇

目睹現今全世界金融不安，經濟混亂的情勢，本書將可爲讀者提供一個可以冷靜洞察現今動盪經濟局勢的視點。

本文作者基於「以歷史爲師」的理念，把現今全世界金融不安的動態和一九二〇至一九三〇年代所發生的經濟大恐慌作一比較，而透過許多準確的數據資料顯示，這兩個時代的確有許多令人驚訝的相似之處。尤其當今日本的處境和經濟大恐慌時的美國，存有許多相似之處，其中可以將其類似性歸納整理爲「經濟現象」、「構造轉換」、「國際關係」、「社會現象」等四大類。作者透過時空穿插介紹的方式，把當時美國在歷經經濟大恐慌的過程及如何突破困境以及如今日本在面對經濟大蕭條的脅迫之下，採取怎樣的因應之道，作一分析比較。以時間（歷史）爲縱軸、空間（世界各國）爲橫軸完成一個座標體系，來透視當前所發生的金融危機，如此可避免看問題見樹不見林的缺點。

作者指出當今日本面臨要同時處理泡沫經濟瓦解之後所遺留下來的問題及必須作構

造性改革的雙重壓力。日本於經濟規模擴大且成長爲世界經濟強國之後，對世界經濟須負起一部分責任，且在經濟及社會方面都面臨質的變化。其構造被迫從「依存外需」轉變爲「依存內需」，社會構造須從「小規模的閉鎖性鄉村社會」蛻變爲「大規模的開放型都會」。而日本社會不歡迎說出眞正想法的人，社會上彌漫著一股「多一事不如少一事」的消極主義，尤其在政府機關這種情況表現得更爲明顯。因此政府不願負責認眞去明瞭並解決泡沫經濟瓦解後所產生的問題，只是口頭上強調「日本經濟很穩健」一味地粉飾太平，只是推出表面的政策敷衍了事，終於使日本的經濟生病。

本書也提到在一九二〇至一九三〇年代的經濟大恐慌發生時，最後是由於發生第二次世界大戰，才使經濟蕭條的危機得以解除。但是以戰爭這種悲慘的犧牲才得以克服經濟大恐慌，其所付出的代價實在太大了。在此作者提出「和平的方式」來進行徹底的改革，以解決當前的金融危機。所謂和平的方式，首先要完成世代交替。世界構造發生了如此劇烈的變化，舊世代的人無論如何也跟不上新時代的腳步。爲了徹底打破此封閉的局面，有必要在各個領域都徹底使之年輕化。

此外，如今面對全球不景氣，有許多人都對未來抱持著很大的不安。人人擔心自己

的工作不知能繼續到何時？退休之後是否還領得到退休金呢？退休之後能否繼續享有目前的醫療保險制度呢？老年的生活誰來照顧呢？內心既擁有這麼多的不安，就無法大方地消費，而想爲將來不時之需作準備，努力儲蓄。因此，政府要刺激國內景氣，首先一定要針對人民內心的不安作說明，消除人民心理的障礙，使人民對政府及未來恢復信心。但是，人民卻對政府失望到極點，在泡沫經濟瓦解後，政府始終作出錯誤的決策誤導國民。在此情況下還發生金融檢察官員貪污事件，使人民對政府的信任度簡直喪失殆盡。台灣的情況和日本的情況簡直如出一轍。本文作者在痛斥日本政府的同時，是否也可令台灣的政治人物有反省的機會呢？

作者除了對政商勾結等現象提出消極批評，同時也積極針對解除金融不穩定提出三點具體的對策，一是要重整最基礎的經濟，二是要改善金融機關的經營體質，三需要有制度地去維持金融體系的健全。

究竟要如何才能眞正脫離經濟大蕭條呢？目前所經歷的例子均是藉由戰爭才順利解決。而如今所面臨的課題是前所未見的巨大、複雜，所以並沒有標準答案可以來回答這個問題。我們只能根據之前的經驗及知識，加上勇氣及行動力，勇敢地在錯誤中求進步，從不斷嘗試中摸索答案。如同在手中沒有航海地圖的情況下，須憑著經驗作判斷，毅然出發揚帆出海去。

目　錄

序章

一、經濟大蕭條的世界

※死語「恐慌」一詞的復活

原本應該已經不再使用的「恐慌」這一個詞，突然之間復活了。一九九七年十一月，日本的金融體系瀕臨危機，三洋證券、北海道拓殖銀行，接下來是山一證券相繼破產倒閉，此一事件帶給人們很大的衝擊。在此期間，人人拋售日圓、日本股票價格下跌，發生了所謂高估日本實力的情況，日本的金融機關在中途受到世界金融市場排斥及反彈。然而，擔心「始於日本的世界經濟大恐慌」的聲浪此起彼落，並引起了極大的騷動，橋本首相每次一遇到發生狀況時，就基於面子問題，斷然地公開表示「絕對不會發生始於日本的金融危機、經濟大恐慌」。但是，橋本首相在一九九七年末，相繼提出的金融改革政策都一籌莫展，「金融體系的安定化政策」也好、「一九九七年度減稅兩兆日圓方案」也好，都被市場以嚴酷的態度拒絕了，使日本的經濟仍然呈現膠著狀態。

在此期間，世界的金融市場增加了不安定性，從一九九七年夏天開始，始於東南亞的金融危機，終於蔓延到了全亞洲，到了一九九七年秋天，紐約股市也難逃暴跌的命運，使全世界股市同時都受到重挫。對全世界的人而言，在此期間，日本所發生的金融不安，簡直就是國際金融的火藥庫。在這情況發生的時候，以擁有全世界第九大GDP（國內生產毛額）的經濟實力而自豪的韓國，首先受到波及。然而，即使向IMF（國際貨幣基金）請求支援，仍然無法使經濟混亂的情況穩定下來，因爲韓國不只是企業向世界各國發展，而且還積極地在世界各國投資，所以如果經濟混亂的局勢長期下去的話，會使國際金融陷入癱瘓狀態。而且，到了一九九八年，印尼盾暴跌，金融危機可能容易動搖蘇哈托的政權體制，而引發政治混亂，加深了其嚴重性。以此爲契機，亞洲的貨幣危機再度發生，現今則是「始於亞洲的經濟大蕭條」變成現實的狀況。

美國的中央銀行、FRB的葛林斯班主席於一九九八年一月三日所發表的演講，最能切中這金融不安的要害。他的講演中，首次公開提及「擔心經濟大蕭條」，並且提出有必要對經濟恐慌作防備措施。葛林斯班主席雖然沒有提及世界經濟已經變成蕭條了或者將變成蕭條一事，但是提到這個問題本身是個特例，葛林斯班主席提到要如何去面對並接受此事態的嚴重性。

世界經濟的齒輪已經完全發生故障了。不只是日本經濟已經陷入經濟蕭條的陷阱，似乎全世界也都陷入「同步經濟大蕭條」的圈套了。

※和大恐慌類似

因此，該如何去思考這種世界規模的混亂才好呢？在本書想要提出一個可以洞察這個現今動盪經濟的一個視點。那即是現今的時代和一九二〇至一九三〇年代經濟大恐慌的時候相似，尤其是日本很像當時的美國。因此，如果以大恐慌時所發生的事件爲基準重新思考看看的話，就能十分容易去理解現今呈現在我們面前的事件。如果提到大恐慌的話，在引發經濟大恐慌的美國情況最惡劣的時候，四人之中就有一人是失業的，當時不只是美國，包括日本在內，全世界的經濟陷入最低的谷底，最後還引發了第二次世界大戰的悲慘事件，是人類歷史上史無前例的悲劇。日本的景氣即使不好，如果和經濟大恐慌的時代相比較的話，就幸福的標準而言，這兩者的比較似乎可說稍微粗糙，難以相提並論。當然，我也不能說，因爲這兩個時代很相似，所以就立刻斷定會重複發生相同悲慘的事件。

但是，另一方面，也有「歷史重演」這一句格言。就某種意義而言，經濟是依照道理運作，冷靜而透徹的，如果原因相同，就會產生相同的結果。而且，隨著觀察最近世界經濟的動態及市場的動態，一定得感覺到——「眞的世界發生經濟大恐慌了，不是嗎？」「該採取斷然措施的時候了，不是嗎？」事實上，財政部和日本銀行的幹部也都斷言道：「日本金融危機的齒輪已經開始轉動了。」

如果「會變成經濟恐慌嗎？」這種擔心最後只是杞人憂天的話，那就太好了。但是，關於景氣的現狀及未來的動向，如果只是持續一些沒有結果、錯誤的議論，光是袖手旁觀的話，這些擔心都會成爲事實。爲了使情況僅止於擔心而不成爲事實，要儘早採取必要措施，我相信有必要認眞地從歷史上學到教訓。

※問題不在於景氣循環而是構造的變化

如同橋本龍太郎首相在九七年末所作的金融改革措施不能受到市場的好評一般，政府所作的努力都不能切中要點。結果，因爲診斷錯誤導致開錯藥方。政府方面也好，多數的經濟學家也好，往往容易將此不景氣的現象從循環理論的角度來探討。即是景氣好之後就會變得不景氣，不景氣之後就會景氣好轉的循環論。但是，連普通人民都十分清楚，這種循環理論無法說明現今的經濟狀況。即使政府努力說明現今景氣已躍過戰後的「景氣瓶頸」，但沒有人能認同政府的說法。因爲景氣復甦的情況十分遲緩，感覺沒有好轉的徵兆，然而這種直覺才是正確的。日本經濟現今被迫面臨構造性的變化，所以，這種構造性的轉變能進展到什麼程度才是關鍵之所在。如果只是緊緊依靠舊有的構造而不作任何改變，在舊有的架構中景氣起起伏伏，時好時壞，這終究只是局限於林中的風風雨雨。因爲，無法從本質上作根本性的解決，所以即使是一喜一憂，也沒有辦法。處於充滿變化的時代，爲了正確理解我們所處的狀況，我們必須要擁有觀察事物及思考事情的架構。所以我把現今的景氣狀況和經濟大恐慌作一比較，將之視爲一個思考的架構。

※「大蕭條」和「國際化」是關鍵語

觀察今日的經濟情況，我想提出「大蕭條」和「國際化」這兩個關鍵語。

今日的經濟狀況可整理如下。首先，考慮日本經濟的情況，「泡沫經濟」和「泡沫經濟瓦解」是關鍵所在。「泡沫經濟瓦解」就好像是太胖而導致生病，病人既需要減肥，也需要徹底地作運動不可，爲了恢復健康的身體，需要作很多的忍耐。就經濟來說的話，企業則藉由合理化或結構重整使規模縮小，達成企業瘦身的效果。此外，爲了治療受傷害的金融體系，銀行進行償還不良債權，或者重新評估融資問題。結果，經濟一定會朝向愈小規模的方向進行，變成所謂「經濟蕭條」的狀況。

另一方面，世界經濟就朝著這種狀態演進。以一九八九年冷戰結束爲契機，從由東方陣營政府所主導的「社會主義經濟」移轉爲西方的「市場主義經濟」。就洗澡水而言，好像本來熱水和溫水之間隔著一片板子，但是後來那片隔板被卸除了似的，世界的熱水也漸漸變成溫水，就經濟而言，便宜的商品大舉從人事費用便宜的東方各國進入西方各國，甚至也進入日本。結果，使物價下跌，促成名義上的經濟成長率朝下降的方向前進，不僅日本，甚至連外國都受到這經濟蕭條的壓力影響。

而且，經濟在「國際化」的過程中，貨幣在全世界各地跑來跑去，金錢的世界沒有國界，世界各國現今彼此都變成進退維谷的關係。在這過程中，產生全球性的資金過剩，這導致在全球各地引發「泡沫經濟」，進而導致「泡沫經濟的瓦解」。亞洲的貨幣危

機即是這種動態的最佳典型。在泡沫經濟瓦解的地區，產生和日本一樣嚴重調整的壓力、經濟大蕭條的壓力，然而，這情況再反過來對世界產生影響。

關鍵語即是「經濟大蕭條」及「國際化」的意思就在此。

二、第一關心・兩個時代的類似性

※大恐慌和現代的類似性

進展到這種思考爲止，筆者經過了三個階段。第一個階段是從一九九二年到一九九三年，我在美國的哥倫比亞大學擔任客座研究員的時期。當時我上了阿朗・布林庫里教授所教授的「美國史」的課程，那眞的十分有趣。所研究的部分是戰時美國的歷史，也就是第一次世界大戰結束之後開始到第二次世界大戰開始爲止。作爲一位經濟新聞記者，我也知道日本的泡沫經濟時代和經濟大恐慌之前的美國很像。我想既然千里迢迢專程來到了美國，就不要只是光從經濟的角度，而是能從美國社會現象等廣泛的角度來思考一個問題。我在聽課之時，眞的嚇了一大跳。因爲，不只是股票和土地投資熱潮這所謂「泡沫經濟瓦解」和「泡沫經濟」的經濟面相似而已，連社會的氣氛和人們所面臨的問題，也都和日本的社會眞的很類似。

※女性參與社會

舉例而言，女性的問題就是如此。女性開始正式進入社會參與工作，便是這個時代。雖然在第一次世界大戰時因爲人手不足的情況，將之前一直退居家庭的女性勞動力帶到職場來，但是，戰爭一旦結束後，爲了支持因戰爭而擴大的經濟，就無法沒有這種女性的勞動力了。當時的美國，因爲是繼承了過去英國維多利亞王朝的傳統和道德的社會，所以認爲女性退居家中照顧先生和孩子是最大的美德。因此，在戰爭時期，因爲是非常時期，所以必須去工廠工作，但是，大多數女性的心情是，戰爭結束了，就「又回到原來和平的社會，所以最終還是回歸家庭吧」！

但是，美國的經濟沒有好轉，因此，動員了醫生和學者，展開所謂「孩子小時候與其在母親旁邊，由母親來照顧，不如盡量讓孩子從小跟很多人接觸來得好」這種運動，同時也在美國各地設立讓有小孩子的母親能安心出外工作的托兒所。如同總統夫人希拉蕊是最具象徵性的人物一般，現今美國的女性雖然積極地投入工作，但是很清楚的是，美國男女同權的社會的確是藉由這些努力的累積而完成的。

爲了使這種傾向穩定下來，其間是有迂迴曲折的。在經濟大恐慌的時候，首先遭到解雇、裁員的對象，就是這些擁有孩子的女性們。保母的工作或圖書館管理員的工作等，總之，男性侵蝕了女性的就業市場，結果，女性又像以前一樣，退居到家庭內。日本也是如此，在「泡沫經濟」的時候，女學生也相當受歡迎，意氣風發地在社會上工作，但是「泡沫經濟」瓦解時，女性也同時被趕出就業市場，甚至還從就職困難的情況下，產生了所謂「就職冰河期」的詞彙。這簡直就和六十年前在美國所發生的事一樣。

※國際化和大蕭條

如果將這兩個時代的類似性作一個整理，就會變成這樣。首先，美國也好，日本也好，都是在短時間之內就一躍而成經濟強國。美國的情況是在第一次世界大戰，日本的情況則是經過高度成長及一九八五年的「市場同意」，而成爲世界最大的債權國。經濟成

長的規模愈大，和外國接觸的機會就會愈多，所以國家所扮演的角色也好，社會的定位也好，都會隨之而有所改變。單純地說來，就是不得不從「小型的鄉村型社會」「雖然封閉但住起來舒服的世界」，轉變爲「大型的都市型社會」「雖然開放、刺激但充滿競爭且住起來不舒適的世界」。但是，在這轉換的過程產生了貧富差距變大的社會問題，經濟構造無法順利轉變，進而發生了「經濟泡沫化」，終於「泡沫經濟」瓦解了。就和外國接觸的這層意義而言，可以將這兩個時代的共通課題整理爲「國際化」、「泡沫經濟」之後的殘局「經濟蕭條」。

兩者之間是如此類似。因此，應該可以由此學到一些教訓。從這種問題意識出發，如同我們可從一九九六年出版的《經濟大恐慌學習》（東京出版）一書整理的經過得到瞭解一般，在此，我們不僅從經濟的觀點來考慮問題，而且要廣泛地包含社會現象，從這宏觀的角度來思考問題。惟願讀者諸君也能閱讀此書。

三、第二關心・一九三七年的問題

※持續十二年之久百分之一的利率

總之，因爲經濟大恐慌是一個很大的課題，所以在當時有許多無法詳盡記敘的問題及疑問。透過寫書，我的內心很清楚地知道了第二個課題。其一就是所謂「一九三七年的問題」，另一個課題是，大恐慌的問題其實根深柢固，所以不以長距離廣範圍來看的話，無法明白此問題。

從後者開始的話，如果調查一下當時央行的貸款利率，可以發現是歷史上最低的百分之一利率，其狀態從一九三七年一直持續到一九四八年爲止，有十二年之久。在此期間，美國捲進了一九三九年開始的第二次世界大戰，因爲大量軍需生產的需求而使景氣回復，在一九四一年的階段則達到將近充分僱用的狀態，事實上已克服了經濟大恐慌。但是，爲什麼央行的貸款利率竟然會這麼長期維持在百分之一不動呢？因爲不只是政府採取的景氣對策，而且也爲了削減戰爭經費的成本。當時，戰爭經費由國家發行國債來維持，政府爲了盡量抑制軍費要求美國中央銀行的協助，壓低利率。如果考慮到國家財政的話，經濟大恐慌其實持續到戰後的一九四八年爲止。慚愧的是，這件事是在我完成前一本著作時才知道的。

※緊縮預算

另一個課題是所謂「一九三七年的問題」。所謂一九三七年，在經濟大恐慌時是一個重要的時點。經濟大恐慌是始於一九二九年，因紐約股市暴跌爲導火線所引起的，在一九三三年，經濟跌至最低的谷底。之後，景氣好轉，在一九三七年其工業生產超過了一九二九年，在此時好像看到克服了經濟大恐慌的危機。因此，當時美國的羅斯福總統下定決心要重整財政，大幅縮減政府支出的預算。但是他忽視了在外表的繁榮下，美國的經濟其實是很脆弱的。因爲卸除了主要支柱立刻就會垮掉，導致了所謂「恐慌中的恐慌」，引起了最嚴重的不景氣。

筆者在出版了《從經濟大恐慌學習》一書時，政府著手編列一九九七年度預算案。

此時，日本的景氣勉強有好轉的基本方針，礦產工業的生產甚至也超越了泡沫經濟時的最顚峰期。在這種情況背景下，政府打算要採取緊縮預算案，簡直要作和六十年前美國政府一樣的事情。因此，筆者於一九九六年末，在NHK的解說節目裡，以「沒有危機感的危機」爲主題，提出這個問題，警告人們勿重複過去錯誤的愚行，筆者的好友理查·庫先生，身爲一位經濟學家，也和我一起繼續鼓吹這個問題的嚴重性，在這問題上略盡綿薄之力。但是，政治家也好、官僚也好，他們被表面的景氣繁榮所限制住，我們呼籲的聲音他們根本聽不進去，結果一九九七年採緊縮預算，導致了現今各位所看到的悲慘結果。我們雖然爲自己的能力不足感到遺憾，但是去克服「一九三七年的問題」才是現今最重要的課題。

四、第三關心・英國資本主義

※粗糙的資本主義

現在暫時在我的腦海，把問題落在經濟大恐慌的問題上，但是到了一九九七年夏天，日本總研的若月三喜雄理事長卻給了我意想不到的指點。我一邊看當時英國和法國的大選，一邊產生了這樣的疑問。這不就是對所謂「英國資本主義」，也就是成爲英國和美國主流的重視市場經濟的批判嗎？因此，當我思考此問題之際，便徵詢若月理事長的想法，他給了我如下的回答。

「山田先生，這個問題和你所說的經濟大恐慌的問題相關。一九二〇年代剛完成的資本主義是很粗糙的架構，那就像是在荒野上拿著棍棒互毆一樣的粗野主義。如果打勝了還好，如果打敗仗，對擊敗的人的治療措施因爲沒有社會的保險閥，所以以新政（New Deal）來當作保險閥的措施。但是，結果是一樣的。在粗糙的資本主義之下產生了貧富差距，因爲產生了供需差距而引起了經濟恐慌。洗練的資本主義則有產生更大的貧富差距、供需差距、引起經濟恐慌的危險。而且，和當時相反，因爲現在想透過放寬限制等方法卸除社會的保險閥。」

當時聽到這一番話雖然並沒有覺得的確是如此，但卻認爲八九不離十。所謂「豁然領悟」大概就是像這樣吧！因爲若月理事長指示出自己完全沒有注意到的觀點，我對若月先生敏銳的洞察力只有佩服而已。

※過去的問題、現在的問題、未來的問題

在此，完成了一個所謂循環周期的架構。我所探索最初的階段「經濟大恐慌和現代的類似性」是「過去的問題」，「一九三七的問題」是「現在的問題」，然而「英國資本主義」是「未來的問題」。在前一本著作《從經濟大恐慌學習》裡，因爲提出過去的問題，所以在本書主要要以現在和未來的問題爲探討的中心。

雖然過去經歷過這些變化，但是在九七年所發生的事更進一步引起新的關切。亞洲的貨幣危機、現今在此所展開的金融秩序的混亂，和一九三〇年代的貨幣混亂的情況、

貨幣貶値競賽相似。如此一來，即使「經濟大恐慌」也能爲我們提供題材、資料。現今在我們面前所展開的事件是大規模的地殼變動。雖然無法得知這個大問題會演變到什麼程度爲止，但是我想盡全力以「經濟大恐慌」這個方向努力探索看看。

第1章　大恐慌的邊緣

一、始於日本的世界金融危機

※亞洲的投機風暴

一九九七年秋天，日本的金融體系面臨了很大危機。一九九七年十一月大規模的三洋證券公司申請公司更新法，事實上公司已經倒閉了。接下來都市銀行北海道拓殖銀行和大規模的山一證券公司相繼破產，原本已成死語的「恐慌」一詞突然復活了。尤其是日本四大證券的一個角落崩潰一事，給世界帶來了很大的衝擊和影響。各國的電視節目和報紙，都以此事件為頭條新聞爭相報導，或者在報紙的第一版上報導此一事件。最有趣的是，使用所謂「大恐慌」這個詞，還提到了「始於日本的經濟恐慌」這個詞。我看CNN的節目也拋開太空梭升空的事件，不斷播放有關擔心「始於日本的經濟大恐慌」的節目。

之所以使用「恐慌」這個詞，不只是因為日本是世界上第二大經濟強國，而且是世界上最大的債權國而已。原本一九九七這一年，國際金融動態始終呈現不安定狀態。從年初就開始冒煙的亞洲金融危機，七月才首先在泰國點燃引爆。投機客認爲泰國銖比起泰國的經濟實力偏貴，一起大舉拋售泰銖。在此之前，泰國銖兌美元的匯率是穩定的。也就是所謂以釘子固定住的意思，美元和泰銖的市場價格是固定的，但是泰國政府因爲屈服於市場上泰銖的賣壓而放棄了對美元固定匯率的制度，不得不迫使泰國銖貶值。隨著泰國銖的貶值，泰國的股市也大舉重挫。投機的金融風暴蔓延到馬來西亞的馬來元及印尼盾、新加坡的貨幣等，擴展到東南亞全境。在這期間，八月泰國向ＩＭＦ求援，接下來到了十月，印尼政府因外幣周轉不靈向ＩＭＦ等國際金融機構要求支援。

※世界同步股市下跌

進一步，到目前爲止被視爲難以攻破的港幣也成爲投機客的標的，被大舉拋售。十月二十三日（星期四），香港的貨幣當局爲了對抗投機客拋售港幣的行爲，提高港幣利率，以此爲契機，香港股市暴跌。香港恆生指數下跌一千二百一十一點，創下史上當日下跌最多，跌幅也高達百分之十點四，是史上跌幅第三的記錄。

隔週的二十七日，週一的美國紐約股市暴跌，創下下跌五百五十四點，史上最大跌幅的記錄。其跌幅也高達百分之七點二，是繼一九八七年經濟大恐慌時黑色星期一之後，創下史上第三大跌幅的記錄。紐約股市因受香港股市暴跌的影響，加上上一週四、週五下跌三百二十點，三個交易日共跌了八百七十點，跌幅共高達百分之十點九。股市狂跌的風暴一舉襲擊全球各地，東京股市也直接受到衝擊，下跌了七百多點，跌幅達百分之四點三。此外，除了亞洲、歐洲之外，更進一步連巴西的股市也下跌了百分之十五，就連在這之前一直顯示穩定行情的中南美股市也難逃暴跌的命運。「全世界股市同步下跌」。

當時紐約的股市股價超過八千點，以勢如破竹的氣勢持續上漲，甚至讓人看到泡沫經濟的情況，此外，當時正適逢接近黑色星期一的十週年紀念，相關人士為此感到相當神經質。〈財金時報〉在十月七日的一篇報導裡，時事評論員馬丁·渥夫先生指出「最近紐約股市股價變動的行情和黑色星期一，更進一步和經濟大恐慌時簡直一模一樣」，而且刊載了三個時期股價行情變動表重疊的情況，警告股市行情上漲太過嚴重了。

因為全世界股市同步下跌，使得有關業者之間的不安逐漸擴大，而且，到了十一月

COMMENT & ANALYSIS

Martin Wolf

1929 and all that

As the 10th anniversary of Black Monday nears, it is tempting to ask whether today's unprecedented bull market is heading for another crash

"There is no cause for worry. The high tide of prosperity will continue." Andrew W. Mellon, 1928.

Andrew Mellon, one of the great financiers of his era, had no doubts. Neither did US president Calvin Coolidge, who told Congress at the beginning of 1928 that they and the country "might regard the present with satisfaction and anticipate the future with optimism". These views were the conventional wisdom of their day. They proved horribly wrong, all the same, when the stock market collapsed. Today, with a bull market longer and stronger than that of the Roaring 1920s, the question must be whether so resounding a crash could happen again.

The coming 10th anniversary of Black Monday on October 19 can only sharpen anxiety. Between September and November 1987, the Dow Jones Industrial Average lost 29 per cent of its value, much of this on October 19, when it fell 23 per cent. As the chart shows, the rise in the index since 1994 shows a remarkable parallel with what happened in the three years before the crash of 1987.

A deep bear market in the US must be the biggest threat to today's bright picture of more widely shared economic growth. Yet, in its latest World Economic Outlook, the International Monetary Fund merely mentioned – rather than stressed – this concern.

One reason for such insouciance could well be what happened after the 1987 crash. The Dow recovered its pre-crash levels by the second half of 1989. Since then it has risen more than 200 per cent in nominal terms. Standard & Poor's Composite Index is also up some 200 per cent over pre-crash levels. In retrospect, the dramatic events of a decade ago were but a brief hiatus in the bull market of the past one and a half decades – a period when real returns on holdings of US equities have been roughly double their long-run average of 6.6 per cent.

On a number of standard measures, US equities were about as cheap in the early 1980s as at any time since the early 1920s. There was room for a massive recovery. When it came, it generated correspondingly huge returns on equity investments. Over time, such returns have come to seem normal. This has encouraged more buying of shares, pushing values up further. Equity investment is now widely seen as offering a guaranteed path to ever-greater wealth.

This is how markets come to blow bubbles. Standard indicators suggest that Wall Street is indeed overvalued. At such times, it is also standard behaviour to argue that standard indicators are meaningless.

On Standard & Poor's Composite Index, the dividend yield is down to 1.6 per cent. This is roughly half what it was in the 1980s and also less than half what it was in the early 1990s. ... the dividend yield is ... fundamental indicato... value. The price-earnings ratio is far more suggestive.

According to Professor Jeremy Siegel of the Wharton School, between 1871 and 1992 the price-earnings ratio averaged 13.7. Now it is a little under 24, close to an all-time high. Even in October 1987, it was only 22. Over the past 120 years the price-earnings ratio has oscillated between euphoric peaks of about 25 and depressed troughs of not much above 5. Ultimately it has reverted to mean.

The only year since the second world war when the price-earnings ratio was higher than at present was 1992. That was the beginning of the cyclical recovery, when the share of corporate profits in gross domestic product briefly dropped to 6 per cent. By the second quarter of this year, the share was close to 10 per cent. This is not as high as in the mid-1960s when it reached 12 per cent, but well above its trough. The real return on corporate equity, back at over 8 per cent, is also up to levels not seen since the mid-1960s.

Combined with economic ... generated growth in profits of 10 per cent a year in real terms since 1992. This recovery has underpinned the stock market surge. Yet for anything like this to continue over the next five years, the share of profits in GDP must reach unprecedented levels.

Another mean-reverting series is the valuation ratio – or "Tobin's Q", after the Nobel-laureate James Tobin of Yale University. This index measures the ratio of stock market value to the net assets of companies, at replacement cost. When the ratio is low it is cheaper to buy companies on the floor of the stock exchange than to make investments. When it is high, the reverse is true. A symptom of a high valuation ratio is strong investment. This is precisely what is to be seen, with growth in private non-residential fixed investment of 8.5 per cent a year since the second quarter of 1992.

Among the analysts that have placed particular weight on the valuation ratio is Smithers & Co, a London-based investment advisor. Using a series pro- ... should not alter this ratio. Moreover, even if intangible assets have become more important, the effect should have been an upward drift in the ratio over a long period. This has not happened. Instead, there has been a big revaluation since the start of the 1990s. Analysts who argue that present valuations are right must believe the market was dramatically wrong for two decades. Why should one accept the market is more reliable now, at historically stretched valuations, than when they were far lower?

There are two possible responses. One is that historic benchmarks are now irrelevant. The justification would be a glorious transformation in the US economy – for which there is virtually no evidence. This would then be a brave new world. The other view is that present valuations are hugely exaggerated. If so, this would not be the first time recovery from depressed values has generated an overshoot in market valuations of the underlying earnings and assets.

This is not a forecast. It is ...

Echoes of crashes past

Dow Jones Industrial Average (indices rebased)

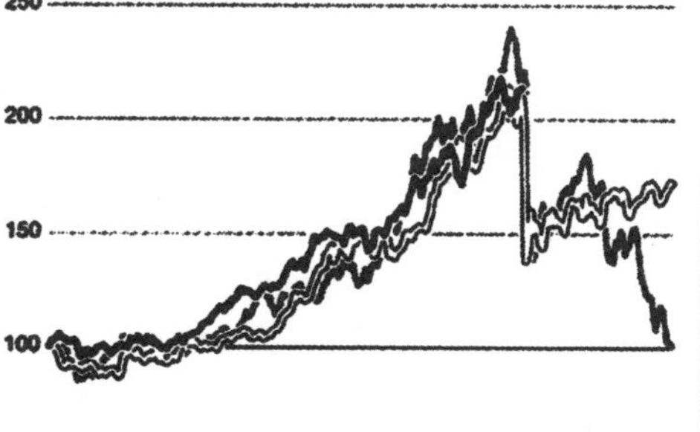

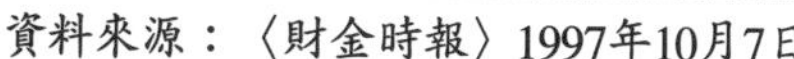
資料來源：〈財金時報〉1997年10月7日

表1-1　金融不安（1997～1998年）

1997年	
4月25日	日產保險公司經營破產
8月11日	IMF等金融組織決定向泰國提供金融援助
9月11日	日本4～6月的實質成長率，年成長率爲負的11.2%
10月23日	香港股市暴跌　全世界股市同步暴跌
27日	紐約股市暴跌　全世界股市同步暴跌
31日	IMF等金融組織決定向印尼提供金融援助
11月3日	日本銀行爲了維持印尼盾的匯率，協調介入購買印尼盾
	三洋證券申請使用公司更新法，事實上已面臨倒閉
14日	東京股市股價暫時跌破一萬五千點大關
17日	北海道拓殖銀行破產倒閉
19日	韓國發表金融市場安定政策，以因應金融危機
24日	山一證券破產，決定獨立停止營業
25日	APEC首腦宣言，發表同意針對亞洲貨幣危機的金融安定對策
26日	三塚財政部長、松下日本銀行總裁對存款人呼籲「冷靜的行動」
12月3日	IMF等金融組織同意向韓國提供金融援助
15日	ASEAN高峰會議，共同發表聲明，協力維持貨幣安定
17日	橋本首相發表實施2兆日圓特別減稅方案
18日	韓國總統大選，金大中當選
22日	股市封關，跌破一萬五千點
25日	發表金融安定化政策，向存款保險機構提撥30兆日圓公共資金
	早期更正措施運用，使之彈性化

1998年	
1月3日	FRB葛林斯班主席提到經濟大蕭條
15日	印尼的經濟政策接受IMF的指導
28日	韓國和民間銀行同意暫緩償還債務
29日	金融檢察官員貪污事件爆發，三塚財政部長辭職
2月25日	金大中就任爲韓國總統
3月10日	印尼總統大選

才剛擠進先進國家的韓國，其韓元也成了投機的對象，大幅貶值，被迫需要向ＩＭＦ申請金融援助的窘境。在這種情況下，山一證券決心於十一月二十四日獨自停止繼續營業。世界第二大經濟強國日本境內的金融不安，無論如何都會讓人聯想到經濟大恐慌。

如同在序章所提到過的，拙著的目的是爲了要提供能夠洞察現今經濟的一個視點。也就是說，現今的世界及日本和一九二〇至一九三〇年代經濟大恐慌時的世界，尤其和當時的美國相似，如果我們以經濟大恐慌時所發生的事件爲中心重新思考的話，則我們就能夠十分容易去理解目前展現在我們面前的事件。下面，讓我們來看一看我們處於和經濟大恐慌相鄰的狀況吧！

二、股票市場的崩盤——悲慘事件的開端

※紐約道瓊股價指數和日經平均的類似性

股票市場崩盤及繼之景氣的低迷，最重要的是浮現出現今經濟情況和經濟大恐慌的

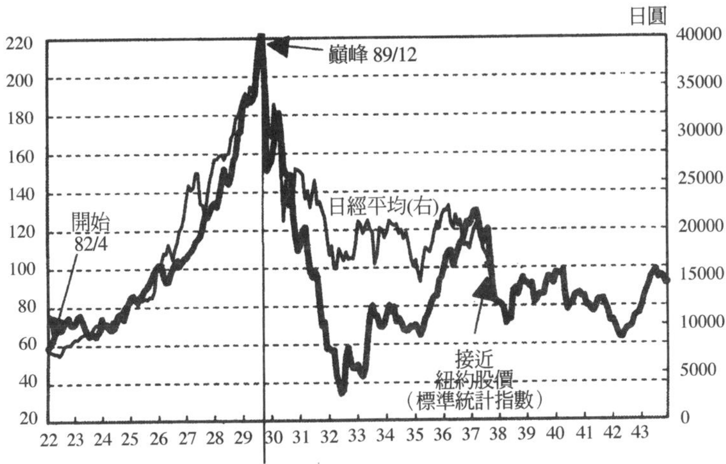

圖1-1　經濟大恐慌和泡沫經濟時期股價的比較

類似性。前面已經介紹過〈財金時報〉所提供的圖表資料，其實，除此之外，從一九八〇年代後半開始到目前爲止，東京股票市場的動態和美國經濟大恐慌時的動態是重疊的。**圖1-1**顯示出經濟大恐慌時的股價和日本泡沫經濟時期的股價重疊，如圖所示在接近巔峰時的動態完全相同。

之後，紐約股價指數從一九二九年九月的最高點跌到一九三二年七月的谷底，大跌了百分之八十九點二，跌到只剩下原來的十分之一左右。另一方面，日經股價指數於一九八九年十二月創下三萬八千九百一十五點歷史新高記錄之後，於一九九二年八月跌至一萬四千三百零九點，跌幅高達百分之六十三點二，跌至剩下只有高峰時的三分之一。相對於經濟大恐慌時，股價下跌的幅度大到只剩下原來的十分之一，泡沫經濟之後則跌到只剩下三分之一，這兩事件嚴重的差別是屬於量的差。更進一步爲了將這兩事件視爲定性的比較，稍微加工一下則更可清楚地看出其股價的類似性。**圖1-2**是由日本民權運動協會前任會長安部雪春所作的兩個時代股價的比較。這個圖是採從股價最高點跌到最低點相同的跌幅，以此爲基準以單座標對數表的方式表示股價的數據。股價隨每月的變動整理出月均線的變動。這條由左上向右下傾斜的斜線則表示股價大幅向下跌落的傾向。

有趣的是，除了大致的趨勢一致之外，從最高點跌至最低點的谷底爲止的期間及從谷底開始反彈的移動平均，這兩個時代幾乎都是一致的，也就是說平均一定期間的股價從長期的觀點來探求股價的落點位置，到反彈回來爲止所需的期間，這兩個時代幾乎都是相同的。在經濟大恐慌時分別花了三十四個月及七個月的時間，相對於此，這回也是花了三十四個月及七個月的期間。經濟大恐慌之後就進入回升好轉的局勢，後來因爲又碰到一九三七年的「恐慌中的恐慌」再度暴跌。東京的股市一旦開始回升之後，一九九五年再度大規模向下重挫，曾兩次探底．然而，雖然又要再度反彈上漲，卻又於一九九

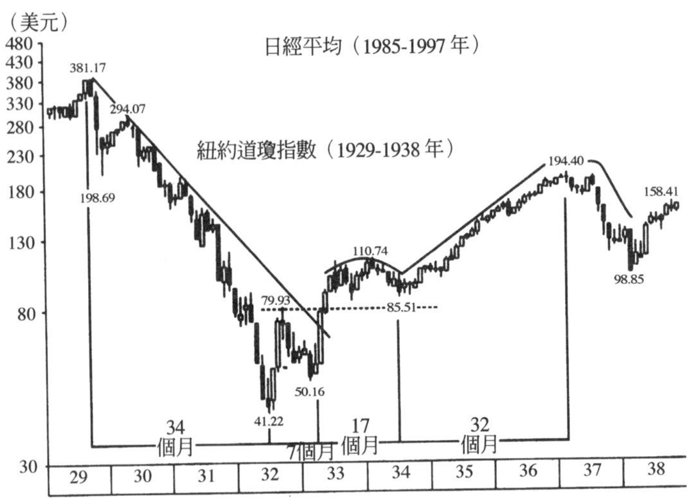

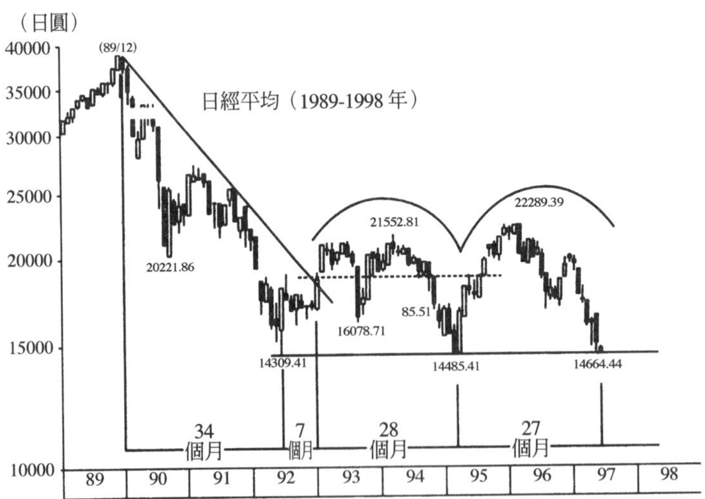

圖1-2　經濟大恐慌時紐約道瓊和平成年間股市暴跌的日經平均

七年底第三次觸底。一九九五年的第二次觸底是因爲一美元兌換七十多日圓反常日幣升值的影響，而使景氣迅速下滑至谷底，一九九七年的第三次觸底是因爲全球金融不安定的蔓延所致，東京股市永遠無法脫離被控制住上漲及下跌的價格，所謂的黑箱行情，這次景氣回升的力道不足，不禁令人想懷疑事情是否變得更加嚴重了。

※泡沫經濟瓦解暴露出經濟內幕醜聞

這兩個時代，因爲泡沫經濟的瓦解，而一舉暴露出之前所隱藏起來的經濟活動的扭曲及醜聞，在這方面也十分相似。眼看一九二九年紐約股市大暴跌所引起的經濟大恐慌，美國上議院的銀行貨幣委員會開始追究金融機關的責任。任命當時紐約地區檢察官凡第南·佩可拉爲舉辦聽證會的小委員會的法律顧問，一般將之稱爲佩可拉委員會，每天報紙的頭版都大大地刊載其活動內容。

委員會陸陸續續傳喚著名的銀行家、當時有勢力的大股東、股票經紀商，以及股市投機客爲證人，糾舉彈劾其責任歸屬。然而，透過審議的過程，即可清楚知道他們如何不負公共責任，尤其沒有對一般大眾的投資人負責，只知道滿足自己的貪慾及一己私利。

其中，最令國民大感震驚的是，一手包辦美國金融的摩根銀行醜聞事件。透過調查得知摩根銀行總裁傑克·摩根沒有支付一九三〇到一九三二年這三年的聯邦所得稅，此外其他合夥人也沒支付一九三一年和一九三二年的聯邦所得稅的內幕。摩根雖然透過在英國繳付所得稅，其他的合夥人也透過手中持股的損失而得以扣除其稅金的方式不觸犯法律的方法逃稅，但是這種解釋非常難以取得輿論的認同及諒解。然而，對摩根而言，其最嚴重的致命傷在於被調查有內線交易，在股票公開上市之前先便宜賣給特定的人，即所謂內線交易的事實。

摩根銀行於一九二九年在鐵路聯合企業阿雷肯尼公司等三家持股公司股份公開之時成爲主要幹事，但他卻濫用此特權而便宜地將這些新上市的股份分配給有影響力的人。舉例而言，阿雷肯尼公司的情況，透過股東認股提供每股二十美元的行情，但是在股市交易的價格則是每股三十五美元，摩根爲當時有影響力的人士創造了超過八百萬美元的利潤。在接受該公司新上市股票的優待者名單中，有前任總統卡爾文·柯立芝，後來在羅斯福總統任內擔任財政部長的威廉·伍丁，以及駕機橫越大西洋的英雄查爾斯·林白，盡是各領域有影響力的知名人士。

經濟大恐慌當前，多數的美國國民及胡佛總統懷疑是否有惡意的陰謀而使得市場崩盤，於是向議會提出要調查華爾街股市的活動，才得知這些結果。把經濟大恐慌的原因完全推卸給金融業界是很不合理的，佩可拉委員會的審議也找尋犯人，但不可說沒有以知名政界人士爲犧牲品的政治秀意義在內。但是，如同路庫丁堡格所作的總結一般：「爲一九二〇年代帶來繁榮的商人是爲一九三〇年代帶來經濟大恐慌的兇手」，一般人民認爲經濟大恐慌的原因，最重要的乃是金融界的凋零、衰微及道德敗壞的結果所致。在這種氣氛彌漫之下，繼胡佛總統之後羅斯福在就任爲總統的演說中，繼續批評「控制人們貨幣交換的人們」，痛斥「炒作外幣的商人被我們從神聖的文明寶座給放逐出去」。

※日本金融、證券界的醜聞

回到日本的情況，到了一九九〇年股價暴跌，泡沫經濟瓦解之後，日本和美國一樣，金融、證券業界的醜聞一齊表面化浮上檯面。擴大給和暴力團有密切關係的人士不動產融資金額，使用空頭銀行給建築業者高額度的不當融資的呆帳問題等等，清楚浮現出不當經營的事實。在一九九一年發現了野村證券及日興證券和暴力團稻川會的石井進前會長炒作資金有關的事件，該年度幾乎都是大規模的中堅證券公司爲了彌平大客戶、大企業因股票暴跌所帶來的損失而炒作股票。因這樣的醜聞曝光，使得個人投資的散戶擴大對銀行及證券界的不信賴感，而決定遠離股市。

和佩可拉委員會一樣，被醜聞纏身的銀行高層人員及證券公司的總經理們，被傳喚到國會作爲證人，他們每次都低頭表示「實在十分抱歉」，努力謝罪。看到電視上實況轉播他們在國會作證言的模樣，就能體會到代表日本的金融、證券業界的領袖們沈醉在泡沫經濟的幻夢裡，只知爲了滿足自己的貪慾而追求一己私利，持續怎樣糊塗的經營方式。

一九九六年，專門負責住宅業務的金融公司破產處理事件，相同的情況在國會重演。而且，此時，不僅金融相關業者，竟然還暴露出所謂財政部這被稱爲政府中的政府裡的精英分子們表示出責任不在我的樣子。

進一步，到了一九九七年，發現藉出席股東大會向公司索利的小股東和金融機構的不法關係。一九九七年三月，野村證券提供利益給小股東集團的前代表小池隆一事件浮

上檯面，東京地檢署以前董事長酒卷英雄等人們有違反商法之嫌而將之逮捕、起訴。該起訴事件不僅止於野村證券而已，還波及大和、日興、山一這四大證券公司，曾任山一證券總經理的三木淳夫董事長、大和證券的十龜博光副總經理、日興證券的幸眞佐男副總經理等多位首腦人物均遭到逮捕、起訴，四大證券公司遭起訴的達二十人之多。該事件甚至還波及第一勸業銀行，小池因從銀行貸款大額資金給證券公司而被告，曾任該銀行總裁的奧田正司董事長等十一人遭起訴，這成了史無前例的金融業界大醜聞。該事件距離一九九一年證券公司爲了「彌補大客戶股價暴跌的損失」而炒作股票事件僅有六年的時間，因爲人民對過去醜聞事件還記憶猶新，所以這次的事件引起人民十分激烈的反彈及憤怒。然而，金融、證券界，進一步的經濟界和地下不公開世界之間的不法關係清楚地浮現出來，顯示出要重新正視該問題的嚴重性。

然而到了一九九八年，財政部的金融檢察官從銀行接受了很多的抵押品，利用檢查之便而有收賄之嫌遭到逮捕。官商勾結，腐敗的構造如此赤裸裸地呈現出來，在此情況之下，財政部長三塚氏引咎辭職。

三、從股價狂跌到景氣衰退

※空前的不景氣

股價狂跌並沒有就此停止，還造成了景氣衰退。美國在一九二九年十月所發生的紐約股市崩盤爲導火線，使景氣迅速惡化。GNP從一九二九年的一千零四十四億美元，到了一九三三年只剩下五百六十億美元，幾乎減少了一半，要回復到原來的水準，則非等到第二次世界大戰爆發爲止不可。在這期間，失業率從一九二九年的百分之三點二，到了景氣最差的一九三三年，突然跳升到百分之二十四點九，四個人當中就有一人是失業的，其實有高達近一千三百萬人失業。

日本的情況當然沒有到如此嚴重的地步。但是，日本經濟所面臨的問題，和目前爲止所遭遇到的問題完全不同。到目前爲止經歷的經驗對解決目前經濟困境絲毫不能提供任何幫助，政府官員也好，企業人士也好，完全喪失自信，面對此僵局不知如何是好。

雖然認爲情況有一天一定會好轉，但一直看不到打開僵局的希望，這就好像是走進了看不見出路的隧道一般，陷入了封閉的狀況之中。

從一九九〇年初開始，東京股市暴跌，接下來因房地產價格大幅下跌，泡沫經濟瓦解而陷入不景氣的局勢。政府判斷，這次的不景氣從一九九一年二月到一九九三年十月爲止持續了三十二個月，比不上戰後情況最糟的時候，從一九八〇年開始，全球同時不景氣維持了三十六個月時候的情況。之後，政府認爲從一九九三年十一月開始到現在爲止，景氣持續好轉起來。

但是，政府的這種判斷，很難令人接受。實質GDP於一九九一年度呈現百分之二點九

表1-2　90年代的實質GDP

年度	實質GDP
1990年度	5.5%
1991年度	2.9%
1992年度	0.4%
1993年度	0.5%
1994年度	0.6%
1995年度	2.8%
1996年度	3.2%
1997年度	0.1%（預估）
1998年度	1.9%（預估）

戰後的好景氣

祥和景氣	1965.10～70. 7	57個月
泡沫經濟景氣	86. 1～91. 2	51個月
瓶頸景氣	58. 6～61.12	42個月
現在	93.10～	?
	(97.11	51個月)

戰後的不景氣

全球同時不景氣	1980. 2～83. 2	36個月
泡沫經濟瓦解	1991. 2～93.10	32個月

邊緣的景氣低迷，一九九二年至一九九四年度這三年之間幾乎是零成長，也就是說，政府所謂的景氣好轉的一九九四年度，其GDP竟然是零成長。

到了一九九五年，一美元兌換八十日圓匯率，日圓快速升值使日本景氣差點失控，據日本銀行表示，甚至被迫落到「眼看就要進入經濟大蕭條的漩渦之中」的窮途末路。然而，該年九月，日本銀行將貸款利率調降到百分之零點五，史上最低的記錄，努力挽回頹勢，以避免金融危機的發生。結果使日圓在外匯市場貶值，美國經濟好轉，日本的出口也有所成長，景氣也逐漸回升，政府於一九九六年二月，在泡沫經濟瓦解之後第三次公開宣布景氣回升。該年度的股市，於六月二十六日創下二萬二千六百六十六點的新高記錄，是繼一九九四年六月泡沫經濟瓦解的高點之後，隔了兩年之久，才更新原來的高點，果然令人們看到景氣好轉的希望。但是，政府將這種動態誤認爲是景氣自然的回升，一九九七年四月因爲改採緊縮財政，所以之前的政策都前功盡棄，再加上全球性金融不安定，使得景氣再度迅速跌至谷底。

泡沫經濟瓦解之後，經濟持續維持在這種低迷狀態下，對國民而言，不景氣其實是從一九九一年開始，一直持續到今天爲止。

四、金融機能的不健全

※銀行假期

美國的經濟大恐慌直接衝擊到金融機構，而導致了金融恐慌。一九三三年，美國有超過四分之一，計四千零四家銀行破產倒閉。政府爲了使這事件平靜下來，採取了特例的措施，藉「銀行假期」之名，使全國的銀行全面停止營業八天。當時，美國的金融體系簡直就完全瓦解了。在當時因爲沒有存款保險等制度，所以如果銀行倒閉的話，存款的本金也好，利息也好，全都拿不回來。結果，這個事件使許多人的人生受到很大變化。介紹希亞農所著《大恐慌》一書中所提的例子，在人口有一萬九千人的中部都市美露羅斯這個地方，老銀行美露羅斯．第一國民銀行破產倒閉。存款人之一的吉爾曼夫人，用拳頭連續敲打銀行緊閉的玻璃門，叫苦連天並持續發出悲嘆，就這樣在大門深鎖的銀行外變得神智不清。吉爾曼夫人在該銀行存款是其先生的保險金兩千美元加上她二十五年來省吃儉用所存的九百六十三美元。之後，吉爾曼夫人就持續在陽台上坐著，過了好幾天茫然若失的日子之後，就被送進精神病院了。

※銀行不倒閉神話的破滅

一九九五年七月三十一日，成了在日本金融史上留下記錄的紀念日。因爲，在該日，所謂日本銀行不倒閉的「銀行不破產神話」被徹底粉碎了。上週六的《每日新聞》報導了東京的「宇宙信用合作社經營陷入僵局」。隔週三十一日週一，從早上就湧進大批要提款的客戶，當天一天就被提領了七百多億日圓。宇宙信用合作社爲了預防難以預料的事情發生，所以預先向日本銀行調度了四百億日圓，雖然如此，客戶所提款的額度還是遠超過預期的金額，所以事先準備的錢根本不夠滿足存款人的需求，落得緊急運送來追加的現金以

表1-3　美國的銀行關閉

年	家數
1927年	669家
1928年	498家
1929年	659家
1930年	1350家
1931年	2293家
1932年	1453家
1933年	4000家
1934年	57家
1935年	34家
1936年	44家

資料來源：吉富勝著《美國的經濟大恐慌》

因應情勢。昭和初期因銀行相繼倒閉曾引起過擠兌風波，這也可將之稱爲昭和經濟恐慌的復活。當天夜晚，負責監督的政府機關東京都下達停止營業命令，宇宙信用合作社從此自金融業界消失蹤影。

在這金融秩序混亂後的一個月之後的八月三十日，總行在大阪的信用合作社業界的龍頭老大木津信用合作社，也因信用出問題而再度引起擠兌風波，隔天三十一日，大阪府下令該合作社停止業務經營。到宇宙信用合作社和木津信用合作社的店面參觀的人們，和透過電視看到一片混亂提款人潮情況的國民，都可感受到過去所炫耀的「銀行不倒閉神話」在眼前瓦解的情況。

※都市銀行的拓殖銀行也破產

因爲在一九九六年，景氣曾暫時好轉，所以金融機關的經營恢復小康狀態，但是到了一九九七年，再度燃起金融危機。而且，這次擴大爲更大規模的混亂。四月二十五日總資產高達兩兆兩千億日圓的中堅日產生命保險公司，作爲一家生命保險公司，落到戰後首度發生經營不善破產倒閉的命運。破產的原因，因爲在泡沫經濟時代所強調的高報酬率的「個人年金保險」，到了泡沫經濟瓦解時，客戶紛紛解約而把公司的財務拖垮，契約件數高達一千四百萬件，大多數的契約者因削減給付的金額，而使公司蒙受很大的損失。所謂保險就是基於在萬一發生什麼狀況的時候能有所保障才訂契約購買的，保險變得失去保險的意義，這種衝擊實在太大了，之後，保險解約的情況陸續發生。

十一月三日，這次在證券業界中屬大規模的三洋證券公司申請公司更新法，其負債總額高達七千七百億日圓，其公司事實上已經破產了，雖然在戰後也有中小規模的證券公司停止營業倒閉的例子，但是，抵押資產高達兩兆七千億日圓的大公司破產倒閉的情況，卻是戰後第一次發生的。

經營不善而破產倒閉的火勢終於也波及到位於金融系統中心的都市銀行了。十一月十七日，在北海道擁有據點的北海道拓殖銀行，因資金周轉困難，將營業權轉讓給第二地銀的北洋銀行等，該公司決心整理、清算公司。拓殖銀行雖然是屬於都市銀行中最低層級的銀行，但是該銀行在一九九七年三月底的存款額度高達七兆一千四百億日圓，擁有到目前為止破產倒閉的金融機關所無法與之相比的高額存款業績。而且，因為政府不斷對內對外表示「都銀等二十家大規模銀行不會倒閉」，日本金融機關的經營甚至無法遵守這國際公約，落到這種悲慘的下場，這事件帶給有關人士相當大的衝擊。

※金融體系瓦解的邊緣

對日本金融體系的不安有決定性的影響，及對景氣回升的期待給予致命的一擊，是由於山一證券的破產倒閉事件。十一月二十四日，山一證券下定決心決定要停止營業。山一證券的抵押資產高達二十三兆九千六百億日圓，其抵押資產是拓殖銀行的三倍之多，不只如此，因爲山一證券是日本證券業界代名詞當中「四大證券」中的一家公司，所以其停止營業的影響很大。聽到七千五百名員工因公司倒閉而在街頭徬徨、生活沒有著落的新聞，有不少白領階級的員工覺得擔憂：「連那麼大規模的山一證券都破產了，所以……，明天這失業的下場是否將降臨到我頭上呢？」此外，「因爲連那麼大規模的山一證券都破產了，所以和自己交易的公司是否沒有問題呢？」而產生這種不安，更換存款銀行的動態變得表面化。

因爲金融機關相繼破產，周刊、月刊等雜誌刊載：「下一個發生危機倒閉的地方在何處呢？」這樣的報導煽動人心，使得人心更加惶惶不安。早就謠傳經營不善的安田信託銀行在十一月末，包括本行在內以及在札幌及名古屋分行，出現大排長龍提款的人潮，足利銀行及紀陽銀行等地方銀行也很明顯出現提款的人潮。足利銀行和紀陽銀行身爲當事者，出席了記者會，否定了經營不善的謠言，記者會上也有日本銀行的人士列席參加，否定這種謠傳。安田信託公司重新發表經營改革策略，努力想使事情平靜下來。眼前的情況，就像是昭和時代所發生的經濟大恐慌一般，各地的銀行引起擠兌風潮，簡直就是處於一觸即發的狀態。因此，日本銀行祕密大量地將現金送進日本銀行的各大分行，一遇到有擠兌風波的事件的話，立刻就嚴陣以待準備運送現金的程序。

十一月二十六日，日本銀行清楚地意識到金融不安帶著和目前爲止完全不同的色彩襲擊而來。也就是說，現在的問題不是針對個別金融機關發生危機而該如何採取對策才好之類的問題，而是進展到要如何防止金融體系的瓦解才好的程度。就金融世界而言，就是「體系性的危機」。使用者對金融喪失了信心，因爲認爲哪家銀行如果倒閉的話，和自己有往來的銀行大概也不安全吧，所以開始提款，如此一來，甚至連本來都屬於沒有問題的銀行也會倒閉。情況一旦變成如此的話，同樣的情況會到處蔓延開來，其他的銀行也容易相繼倒閉，甚至會落到悲慘的下場。

當天，日本銀行的松下總裁被傳喚到國會擔任參考人，因審議落空的緣故而在院內待命。在審議會傳言日本銀行的情況非比尋常，對財政部建議更換財政政策，同時也建議日本銀行和財政部推出使事態平靜下來的對策。有時，財政部長三塚先生和財政部的銀行局長山口先生也在國會待命時召開緊急高峰會談，在當天傍晚財政部長三塚先生和日本銀行總裁松下先生共同發出特別呼籲：「因爲將全額保護存款，所以希望存款人不要人心惶惶。」

幸好，能使事情免於最惡劣的狀況，使當天的情況回到表面上的穩定。但是眼見這種情況的金融當局不得不承認「金融恐慌的齒輪開始轉動了」，事情終於進入非同小可的嚴重程度了。

銀行相關業者在回顧當時的情況時，也表達了如下的感受：「眞的是很可怕。當山一證券倒閉和安田信託公司經營不善的傳言蔓延開來時，甚至和山一證券及安田信託有很深關係的富士銀行，也落到這種悲慘境地。如果，事情眞的變成這樣的話，就更別提到中下游的都市銀行和長期信用銀行及信託公司。這簡直就令人憂心是否會釀成整個金融體系的瓦解。」

※金融機關相互間不守信用

但是，儘管人民的不安就此平靜下來了，但是金融專業業者之間不守信用的情況絲毫沒有平靜下來的樣子，銀行變得不相信其他金融機關的信用，股市行情不穩定也使得投資人不斷拋售從很早以前就持有的金融股，更加使得股市投資人對金融機關的不信任感。即使從這個側面看來，也可說信用體系事實上已經崩潰瓦解，面臨如此悲慘的狀況。

由於一連串金融機關經營不善倒閉的事件，金融機關最苦惱的似乎就是資金調度的問題。因爲三洋證券的倒閉，才在銀行交易的市場首次發生不履行債務的情況。

所謂銀行間的交易，是只有像銀行和證券公司等金融機構才能參加的市場。銀行要能夠因應提款等需求，從市場上調度每天交易所需要的資金，有時候成爲借方，有時候成爲貸方的角色，換句話說，因爲是彼此之間能夠相互信賴的同件之間的交易往來，所以通常不需要擔保。在這種市場上首次發生不履行債務的事件，其所引發的衝擊是非比尋常的事。在此瞬間，金融機構之間變得彼此互相猜疑，互不信任。對方的銀行因爲無法履行信用交易，則就停止對其融資，即使想要貸款，有很多地方也都要求以比目前還要高的利率，所以貸款的利率依然維持在很高的水準，銀行間交易的市場變成癱瘓、麻痺的狀態。因此，日本銀行在金融市場發生混亂的十一月末，好像是每天供應市所需龐大的資金以避免利息的急漲及資金不足的情況。尤其是在二十八日爲煤礦市場準備了史上規模最大的資金，高達三兆七千億日圓，隔天的利率甚至還曾一時降到百分之零點一爲止。雖然如此，日本銀行能夠干預的地方還好。繼年末之後，金融機關要如何度過一九九八年三月期末的難關，展開這種爭戰呢？財政部的金融檢察官因受賄而被捕，行賄的三和銀行則匆匆忙忙在銀行交易市場領取資金而迴避該話題。如果提起三和銀行的話，被視爲與東京三菱銀行並駕齊驅，總而言之也是經營安定的銀行，但是甚至連規模像三和這麼大的銀行，也因行賄事件的影響而籌不到資金並爲此感到困擾，顯示出銀行資金調度困難情況是如何嚴重。反映出這種情勢，歐元三個月的期貨利率到一九九七年十一月爲止還穩定維持在百分之零點五多的利率，但是到一九九七年底就變成百分之一，之後也維持在高利率狀態。

基於這種情況，也有很多銀行無法從市場上調度充分的資金，集團之內優良的商社則發行商業票據，將調度到的資金存在銀行戶頭之內，才總算勉強使資金能順利周轉過來，這種情況的例子也不在少數。商社以百分之一的利率發行商業本票以調度資金，將這些資金放到銀行生百分之二的利率，以賺取百分之一的利差。借錢給企業而賺取利潤是過去銀行該有的功能，但是現在銀行的這種功能卻逆轉過來了。

※日本溢價

這種資金周轉的痛苦，一旦出國會變得更加嚴重。山一證券公司破產的影響很大。山一證券在全世界的二十一個國家有現地法人及分行，「山一」的大名廣為人知。因為這鼎鼎大名的「山一」破產，所以使世人對日本的金融機關在一瞬間喪失信心。外國的金融機關一旦提到對方是日本銀行，就會因此而拒絕外匯及互惠信貸的交易狀態。歐洲的中央銀行當中，有的還會對自己國家的金融機關作行政指導，呼籲其不要對日本銀行從事新的交易。

因為這種情況，所以日本的金融機關在海外的金融市場想要調度資金時，如果不以高於市場的實際利率就借不到錢，發生了所謂「日本溢價」的情況。而且，這種溢價甚

至曾經一時超過百分之一，日本的金融機關事實上被排除在國際金融之外了。因此，日本銀行從國內匯款必要的資金以度過難關。一九九七年十一月的短期資金出超量高達九兆八千億日圓，成爲歷史上最大流出量，這種資金外流的情況加速了日圓的貶值。在此情況之下，日本的金融體系簡直就和經濟大恐慌的時候一樣，甚至落到瀕臨垂死的邊緣，體系瓦解的悲慘下場。

然而，這樣的金融機關和金融體系的混亂，透過這種貸款不順利的形式，給日本實際的經濟造成嚴重影響。企業想借錢時也調不到資金，而且即使運氣好能借到錢，也被要求很高的利息。因爲市場混亂情勢的煽動，使得對企業長期的優惠利率提高，而且我們最切身的房屋貸款利率也上漲了。雖然景氣不振，但是卻面臨貸款利率上升的經濟恐慌狀態。一九九七年末，中堅的食品商社東食和經營高爾夫球場的大企業日東興業公司，因資金周轉不靈而事實上已面臨破產，金融不安可以說已經揭開捲入經濟實體混亂現象的序幕。的確是金融恐慌、經濟大恐慌眞的已經開始了。

五、喪失信賴感──追求品質．不景氣下的高利率

※史上最低的利率

眾所皆知的日本央行貸款利率現在是百分之零點五。泡沫經濟瓦解之後，不景氣繼續的時候，在一九九五年突然遭遇到美金大幅貶值而日幣大幅升值，到了該年度的四月十九日，美元兌換日圓的匯率曾一度跌破八十日圓，創下一美元兌換七十九點七五日圓的記錄。這種反常的日圓升值，使日本經濟落到失去常態的境地，九月八日日本銀行將貸款利率從百分之一調降爲百分之零點五，從那時候開始，歷經兩年半之久的時間，持續維持著歷史上最低的超低利率。到目前爲止，如果我們提到歷史上利率最低的，是經濟大恐慌時美國的百分之一利率。而日本的利率比當時的美國還低，所以可知日本所處的情況是如何不正常了。

然而，到了一九九七年秋天，這次市場利率也創了歷史新低記錄。十年期付息國債

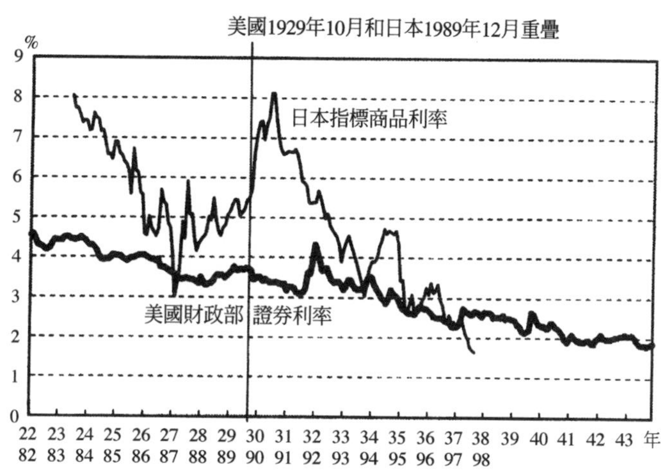

圖1-3 國債利率的比較

的利率，到了九月跌破百分之二的大關，到了下個月十月一舉下跌到百分之一點五左右爲止，一九九八年一月七日創下了百分之一點五六的超低利率記錄。經濟大恐慌時，或者是說第二次世界大戰期間的一九四一年，美國財政部證券的利率是百分之一點八五，但那也就是當時空前最低的利率了，歷史上的最低利率是一六二〇年義大利的熱內亞，國庫券的放款利息是百分之一點二五，但那是產業革命以前所發生的事，不能作爲比較的對象。

股價也好，利率也罷，這種市場指標不外乎是經濟的溫度計。這種反常的低利率，顯示出日本經濟的體溫持續下降，換句話說是處於瀕臨死亡的狀態。市場利率下降的原因，最重要的就是金融不安，對景氣及日本經濟的未來不安。

※資金轉向郵局存款

如果金融體系變得不安定的話，人人當然會想要把存款移轉到更具安全性的地方。資金移轉有兩個特徵，其一是將資金從股票和銀行存款流入郵局存款，另一個是銀行當中的資金也傾向於往安定的大銀行集中。

首先，因爲不景氣持續進行，人民對未來的生活增加了不安，普通人民與其消費不如說更積極地儲蓄。根據日本銀行個人儲蓄統計顯示，一九九七年九月底的儲蓄金額比一年前成長了百分之三點二。根據總務廳的家計調查顯示，在此期間因爲勞動者家庭的收入名目是百分之二前後，所以儲蓄的成長超過收入的增加。

既然地方銀行、第二地方銀行、信用合作社的存款，以及農會的存款都有減少的傾向，那麼，這些儲蓄都流到哪裡去了呢？這些錢流進郵局存款及都市銀行。一九九七年九月底，郵局存款的餘額在過去一年之間增加了十一兆四千億日圓之多，相對於此，銀行的定期存款只增加了五兆五千一百億日圓，利用者傾向於郵局存款的趨勢十分明顯。然而，在金融不安日漸擴大的秋天，更加速這種傾向，受金融倒閉之害，在一九九七年十二月，郵局存款的淨增加金額，竟成爲前年的二點三倍。

此外，即使在相同的業界，資金的轉移也很顯著。即使是都市銀行被稱爲最快速處理不良債權、經營安定的東京銀行，大幅增加了個人存款的餘額，甚至超越了櫻花銀行，一舉而成爲銀行業界的第一名。在企業別之間，也在相同的業種別之間，拉開了企業之間實力、資格的差距，以所謂「安靜擠兌」的方式，極爲猛烈的速度在金融業界進行大規模地殼變動。而且，令人大爲吃驚的是，個人和企業的不動用存款增加。在一九九七年十二月的貨幣供給量之中，現金貨幣的成長率變爲百分之九點二，變爲異常地高。銀行既然不安全，而且郵局存款額度也不夠用，所以只能把錢存放在自己家裡的金庫，對金融機構喪失信心到如此的程度。

即使美國也發生過和這相同的事。在經濟大恐慌時代，銀行相繼破產倒閉，資金紛紛從銀行轉移到郵局存款，郵局的存款餘額在一九三一年六月是三億五千萬美元，但是在一九三三年六月一舉增加爲十二億美元，快速增加爲三點四倍。結果使郵局存款佔總存款額從百分之零點三的比例一舉跳升爲百分之三。在這背景之下，當時法律規定郵局存款的利率固定爲百分之二，因爲市場利率降低而產生逆轉現象，受利率之苦的平民百姓選擇相對較高利率的郵局存款。但是，無論如何，金融不安的影響很大。順便說明一下，即使在一九三三年因「銀行假期」而使得銀行全面停止營業時，也只有郵局存款繼續營業。

※市場的選擇

金融不安愈擴大，經濟的未來趨勢變得愈不安定，市場的選擇和分類就會變得愈嚴格。

在東京的股票市場，這時的股價就明顯呈現出兩極化現象。具有競爭力的國際性績優股，即使在這種情況下也屢創新高價，另一方面，即使是相同的類股，如果是二等或三等的個別股，則其股價呈現不斷探底的低價。總而言之，能在此後生存下來的公司，一定會受到市場上嚴格的考驗、挑選。

這種現象，不僅清楚地表現在股價上，也清楚地表現在利率上。圖1-4是經濟大恐慌

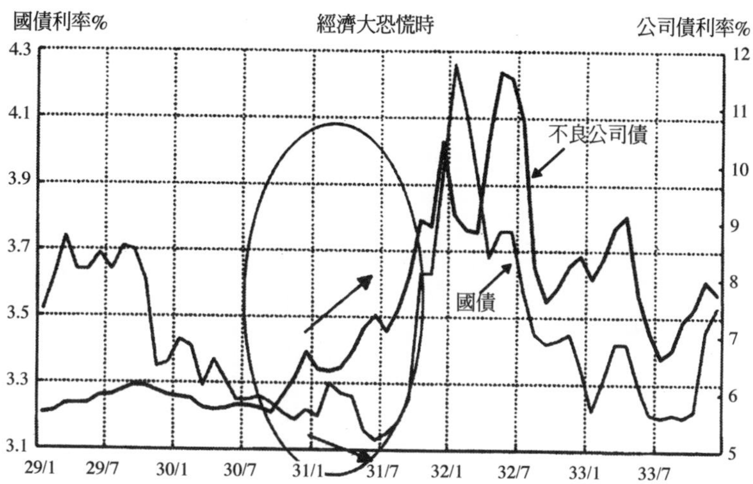

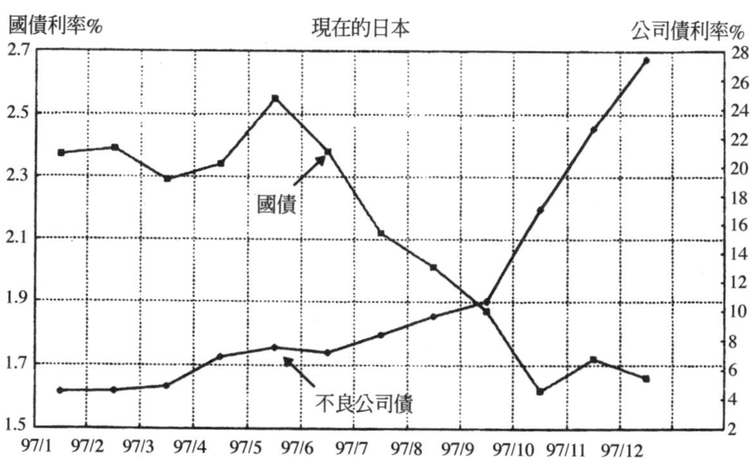

圖1-4 國債和不良公司債的利率比較

資料來源：FRB, "Banking & Monetary Ststistic", 1943.

時國債的利率和信用度低的公司債的利率變動。國債從利率百分之三點七下降到百分之三點一爲止，但是信用度低的公司如果不提高其利率，沒有人願意去買該公司所發行的債券，所以利率從百分之五點五上升到百分之七點五爲止，兩種債券之間顯示出這麼大的差別。現在即使是日本也可看見完全相同的趨勢。如同圖1-4的下圖所看到的，在這一年之間國債的利率雖然持續下降，但是信用度低的公司債卻從百分之五的利率急漲到百分之二十八爲止。包括資金移進郵局存款及大銀行的趨勢，總而言之，資金正朝「追求品質」（flight to quality）的方向進行。

※貸款困難破產倒閉

這種金融不安以十分嚴重的形式對實體經濟開始產生很不好的影響。金融不穩定使企業貸款發生困難。金融機關爲免於被市場從背後指指點點，強調其經營的健全性，而嚴格加強其融資審查的標準，結果就產生了所謂「貸款困難」的狀態。根據一九九七年十二月日本銀行短期觀察發表所顯示，金融機關的放款態度很快變得嚴格起來，尤其是中小企業的經營者從一九八三年開始這份調查以來，首度出現回答「相當嚴格」的人超

過回答「寬鬆」的現象。而且，不僅貸款標準變得比以往嚴格，連貸款利率也上升了，政府明明採取金融放寬措施，但是實際上卻變成了金融緊縮的反常現象（關於此在後面將作詳細的分析）。仔細觀察一九九八年四月所導入的「早期更正措施」的變化，對業界而言則變成了「非計畫性的緊縮政策」。因此發生了很多公司賺錢倒閉及資金周轉不靈倒閉事件，根據帝國數據情報中心顯示，被視爲因資金周轉不靈的原因而倒閉的事件在一九九七年發生了三百二十六件，總負債額增加到了一兆三百億日圓。倒閉事件多半發生在七月以後，這令人了解到了下半期，金融機關的貸款態度變得更加嚴苛，以及中小企業和零細業者徹底遭受到貸款困難風波的連累。

這種金融世界混亂的影響終於開始對人民的生活造成直接的衝擊。因爲金融不安造成短期利率上揚，到了一九九八年，都市銀行一起提高了房屋貸款的利率。富士銀行的情況是採固定利率，從百分之一點九五上漲爲百分之二點二，上漲了百分之零點二五。更進一步，針對優良企業貸款的長期優惠利率也從一月九日開始上漲了百分之零點三，成爲百分之二點六。在不景氣的時候如果金融緊縮，會發生怎麼樣的事情，大家應該很清楚。因爲長期景氣低迷不振，已經消耗了企業及金融機關太多的體力了，如果這種反常的事態繼續下去的話，日本經濟眞的會馬上垮掉。

六、國際經濟的混亂

※經濟的國際化

和經濟大恐慌類似點之一是，隨著國際化的進展，世界經濟變成一個市場。本來泡沫經濟的遠因就是一九八五年以糾正美元過高、日圓偏低爲目標的市場同意。日本是僅次於美國的世界第二大經濟強國，基於要維持符合日本在世界上的經濟地位，使日圓在國際貨幣市場上有合理的價位，在當時決定同時對日本要求經濟構造要轉換爲「從依存外需轉爲依存內需」，此外也要求日本從「封閉的社會」變革爲「開放的社會」。日圓匯率從當時的一美元兌換兩百四十日圓，經過一九八七年的黑色星期一，匯率一舉變爲兩倍而成爲一百二十日圓，更進一步，在一九九五年由於墨西哥經濟危機引發的美元暴跌時，日圓甚至上漲爲一美元兌換八十日圓，日圓事實上從一九八五年市場同意以來升値為三倍。因為經濟局勢的變化，日本經濟以日幣升值不景氣、泡沫經濟，以及泡沫經濟瓦解等種種形式，玩弄日圓、美元的動態。

即使如此，到目前為止，日本在考慮國際經濟的情況時，只要以日美關係為中心來思考即可，但是一九九七年的亞洲金融風暴則表現出和到目前為為止不同的情況。

※亞洲的金融風暴

最重要的特徵是，世界經濟混亂的根源是亞洲。一九九七年十月香港股市暴跌成為導火線，使得歐美股市也紛紛下跌。以前雖然有所謂的「美國打噴嚏，日本就感冒」的說法，但是這時的「世界股市同步狂跌」，世界經濟也得了和香港經濟一樣的感冒。亞洲各國現今已成長為佔全世界ＧＤＰ的百分之二十八，搖身一變，成為對世界有舉足輕重的地位。

這次的通貨危機問題在於亞洲各國過於依賴外資，然而，不能以這種形式持續亞洲經濟的高度成長。總而言之，亞洲經濟和過去的日本一樣變成泡沫經濟，如今這個泡沫破裂了。

爲了理解這次所發生的事件，有必要去追溯歷史。一九九四年，中國人民幣從過去公定匯率一美元兌換五點八人民幣，一舉貶值爲一美元兌換八點七人民幣，貶值了百分之三十三。但是，這種貶值的幅度，只不過是將公定匯率配合實際匯率罷了，事實上人民幣從過去一九八五年市場同意以來漸漸貶值，甚至貶值到原來的三分之一爲止。因此，中國具有很強的國際競爭力，對美國出口多數的雜貨及纖維產品等，現在甚至對美貿易的出超超越了日本。相對於此，東南亞各國的貨幣對美元的匯率事實上採固定匯率。

對美元的固定匯率因爲到一九九五年爲止美元走貶、日圓走強，所以能順利地引進外資，也容易出口，所以進行得很順利，但是過了一九九五年，匯率的行情反轉爲美元走強、日圓走貶，如此一來各國貨幣的匯率也自動升值，使產業的國際競爭力變弱。在成爲貨幣危機開端的泰國，於九六年輸出首次低於前年的出口量，竟然落到如此悲慘的境地。

始於泰國的通貨危機，使匯率偏高的貨幣匯率調降，逐漸與人民幣的匯率接近，這不外乎是想恢復原有輸出競爭力的動態。如此一來，盡可能採取對本國有利的通貨變

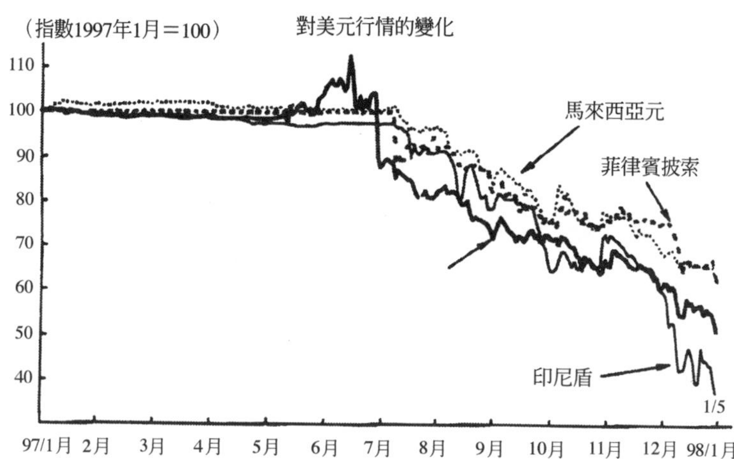
（指數1997年1月＝100）
對美元行情的變化
110
100
90
80
70
60
50
40
馬來西亞元
菲律賓披索
印尼盾
1/5
97/1月
2月
3月
4月
5月
6月
7月
8月
9月
10月
11月
12月
98/1月

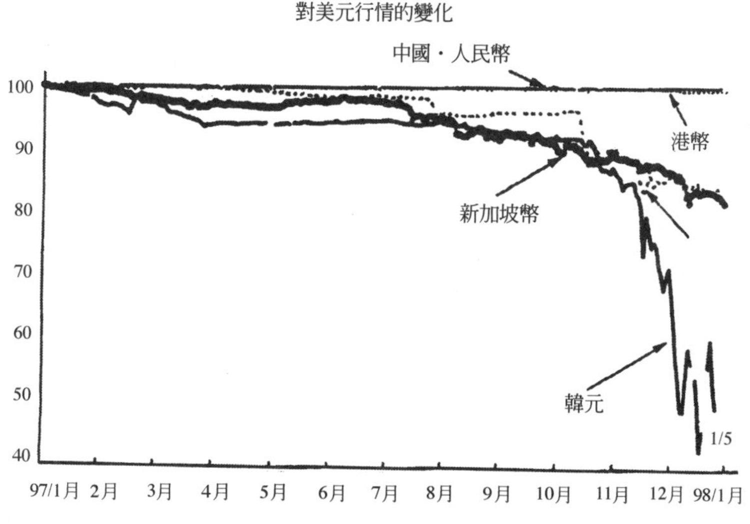
對美元行情的變化
中國・人民幣
100
90
80
70
60
50
40
港幣
新加坡幣
韓元
1/5
97/1月
2月
3月
4月
5月
6月
7月
8月
9月
10月
11月
12月
98/1月

圖1-5　亞洲通貨的貶值

化，總而言之，不管這種趨勢是否是有意的行爲，也可稱爲「通貨貶值戰爭」的良好狀況。

這些國家本來都是輸出產業很穩固的國家，所以如果通貨貶值、產品和商品的價格下降的話，就能恢復其原有的競爭力。一九九七年十二月韓國的貿易收支爲出超二十七億美元，此外經常收支的盈餘也高達三十六億美元，成爲過去以來最高額的盈餘。因爲一方面進口減少出口成長，泰國等國也變成了相同的動態。亞洲各國的貨幣一旦貶值，中國出口的競爭力會下跌，人民幣也有貶值的壓力。到亞洲出現新的通貨秩序爲止，混亂的局面一定還會維持一段時間。

※通貨的貶值戰爭

這種通貨的貶值戰爭也是經濟大恐慌時的特徵性變化。世界的通貨制度到第一次世界大戰爲止是以黃金爲本位的貨幣制度，在此貨幣制度之下，各國的貨幣是決定於對黃金的價值，是固定匯率。在戰爭的混亂期間，各國也都一時脫離了固定市場行情而變成了變動匯率，但是到了戰後，各自的貨幣又回到了以黃金爲本位的貨幣制度，恢復了原

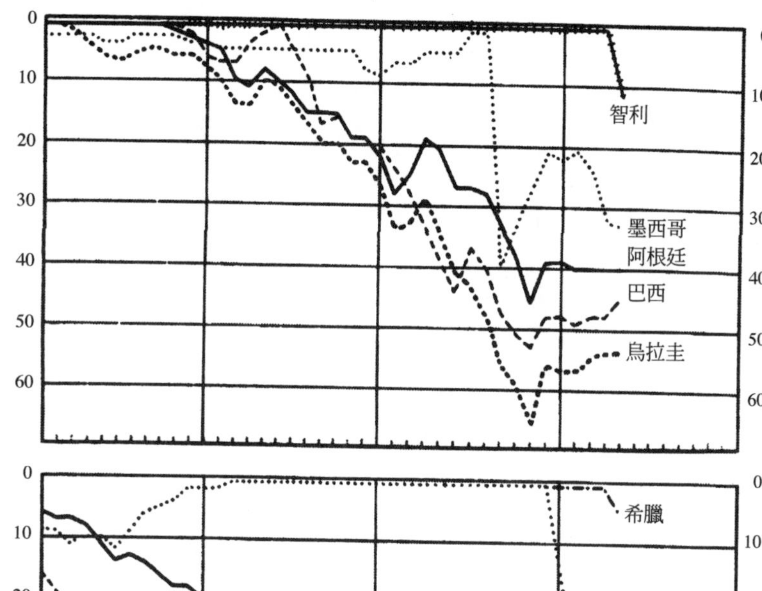

圖1-6　經濟大恐慌的貨幣下跌

注：表示對平價減價的比率（%）

資料來源：League of Nations, *World Economic Survery 1931-32,* 1932, p.218.

有的安定。但是，一九三一年九月二十一日，英國脫離了以黃金爲本位的制度，使得英鎊貶値。當時，一英鎊從兌換四點八六美元的匯率，到了年底變成只兌換三點二五英鎊，貶値幅度高達百分之三十。然而，隨著英鎊的貶値，全部二十五個國家都脫離了以黃金爲本位的貨幣制度，其他各國也都爲了要掌握比其他各國更有利的競爭條件，紛紛加入了這場貨幣貶値戰爭。

這種變化最明顯的是表現在開發中國家。在美國和歐洲發生了經濟大恐慌，就使原料產品的進口大幅減少。於一九二九年，阿根廷和烏拉圭最早脫離以黃金爲單位的制度，到了一九三一年，原料產品輸出國的貨幣提早貶値了。舉例而言，烏拉圭、西班牙、中國的貨幣匯率和以黃金爲本位制度時的匯率相比，貶値了百分之六十，巴西則貶値了百分之五十，阿根廷和墨西哥則貶値了百分之四十，都紛紛大幅貶値了。

雖然貨幣貶値的國家，其輸出量增加了，但是，在世界經濟大恐慌的情況之下，從價格大幅下跌一事看來，淨收入額並沒有成長，貨幣貶値未必就是有效策略。但是，因爲進口大幅減少，至少會使貿易收支變成盈餘。這種情況的確就和現在所介紹的韓國經常收支的變化相同。這種貨幣的貶値，對個別的國家而言，雖然是對自己的立場有利的一種合理判斷，但是這情況一累積起來就成爲合成的謬誤，結果會朝想不到的方向進行。採取對自己國家有利的立場這種態度變強，接下來各國就會偏向提高關稅的競爭，全世界一舉陷入保護主義。其結果，世界貿易一下子就縮水，實際上全世界的經濟甚至會萎縮到顛峰時的三分之一，呈現出機能完全停止的狀態。

七、全世界同時經濟大蕭條、面臨金融危機？

※始於亞洲的經濟大蕭條

由於這次的通貨危機所引發的經濟混亂，令人擔心是始於亞洲的經濟大蕭條。這有如下幾點道理。第一，因爲持續高成長的亞洲經濟減速下來，造成了外國對亞洲的出口減少。第二是從亞洲對外國的輸出急速成長，對先進國家等進口國的產業造成影響。第三是因爲亞洲的需要減退，所以原材料等市場的景氣變差，對這種原料產品的出口國造成影響，同時這也成爲先進國物價下跌的主要因素，使先進國也有經濟大蕭條的壓力。

第四點是，和這種變化有關的是國際金融的變動有變得更加不安定的可能。因爲世界經濟各國之間的相互依存度變得更高，所以「始於亞洲的經濟大蕭條」往往會變成「全世界經濟大蕭條」。

首先來看一看針對亞洲的出口事業，日本在一九九七年十一月針對亞洲的出口比前年同期減少了百分之六點四，減少的幅度擴大了。尤其是汽車出口減少了百分之五十五之多，新日鐵出口韓國的鋼鐵於一九九七年底甚至跌落至原本的五分之一爲止。

另一方面，美國在一九九七年第四十四半期的決算報告很快也開始看到其造成的影響，除了金融的J．P．摩根比前年同期大幅減少了百分之三十五的利潤之外，化學業的3M、消費產業的P&G等大規模企業，因爲在亞洲業績不佳而減少利潤，伊士曼柯達公司因受美元升值的影響，出現赤字。

歐洲也有相同的情況，德國銀行在一九九七年十二月期的決算，隨著亞洲金融風暴造成呆帳抵押金增加，結果使銀行的營業利潤減少爲三分之二。此外，在韓國，出現了重新評估新幹線建設計畫的變化，接受這項工程的英法合資企業也變得焦慮不安，慢慢地經濟不景氣的影響逐漸擴大。

第二來看一看從亞洲的出口業務，雖然對日本的出口尚沒有成長，但是對美國等世界各國開始出現增加。在成爲通貨危機開端的泰國，泰國銖最早開始貶値，泰國於一九九七年十月的出口，比前年同期快速成長了百分之六十五點五。此外，韓國於十二月的進口成長了百分之七點五，進口也曾經減少，貿易收支和經常收支各自都創下史上最高盈餘的記錄。在美國，現代和起亞兩大企業增加零售商，積極地從事銷售，到了一九九七年秋天以後，由於韓元急貶，以其低價格爲競爭武器，其銷售輛數和前年同期相比也增加了百分之四十五之多。另一方面，墨西哥的工商部部長佛朗哥，對於亞洲對外出口的急速成長，強化了進口監控制度，並且表明如果有傾銷等削價出口的情況，將採取課徵高額抵銷關稅的方針，各國都戰戰兢兢處於備戰狀態。

※原料產品市場行情的低迷

亞洲經濟混亂所造成的影響，並不僅止於這些直接的事物上而已。「始於亞洲的經濟蕭條」令人擔憂的第三個道理，是原料產品市場行情的低迷不振。預估在亞洲的需求減少，原材料等原料產品在這個時候相繼降價。國際商品的代表性價格指標CRB（商品調查局）期貨指數，於一九九八年年初就很快呈現出一九九四年二月以來的最低水準，最大的原因乃由於原油市場行情的下跌。

原油價格的國際性指標、北海布蘭特期貨價格於一九九八年一月曾經一度跌破十五美元的價位，是三年九個月以來首次出現的最低價位。OPEC、國際石油輸出組織於一九九七年十一月剛提高生產界線的上限，立刻就被迫要重新評估。因石油價格下跌的影響，大幅度依存石油收入的波斯灣沿岸諸國和委內瑞拉及墨西哥等國，不得不變成年收不足及向下修正其經濟成長的情勢。

此外，黃金在紐約商品交易所的期貨市場行情於一九九八年一月創下一九七九年以來的新低記錄，一盎司跌破二百八十美元的價格。因爲歐洲各國所採取的財政政策，賣掉黃金準備，使黃金的價格持續下跌，此外再加上韓國發生通貨危機。韓國政府呼籲人民，出售家庭不用的黃金，把募集到的黃金換成外幣，所以使黃金價格跌跌不休。

此外，在倫敦的金屬交易所，銅的價格也創下一九九三年以來五年未見的新低價。舉例而言，因爲智利有百分之四十的出口是依靠銅，所以銅礦市場行情的低迷直接衝擊到智利的經濟。

這種變化並不僅止於影響到原料產品的出口國而已。原料產品的進口國，也就是說在先進國家，批發價也開始下跌。舉例而言，美國的批發物價指數於一九九七年的第三十四半期是負的百分之零點一。日本於一九九七年的國內批發物價上升了百分之零點六，六年以來首次出現正值，但是如果考慮到在該年度消費稅從百分之三提高爲百分之五的話，實質上的意義也可說仍是呈現負值。此外，在法國於一九九六年爲負的百分之二點七，大幅下跌，一九九七年也持續下跌，第十四半期減少百分之二點三，第二十四半期減少百分之零點九，持續下跌。美國從亞洲進口的物品物價下跌之外，又加上美元走強，使美國國內物價下跌，日本和法國物價下跌的主要原因是由於景氣低迷不振，但是這種傾向被認爲會持續下去。

這種物價持續下跌的情況，對物價安定生活的這一方面的確發揮良性的影響。但是，企業和商店名義上的銷售額減少，對經營造成壓迫等，對經濟蕭條增加了壓力，其結果，令人擔心會降低名義上的成長率，導致對整體經濟有不良的影響。

※對世界經濟的影響

話說日本和這種情況之下的亞洲經濟究竟有怎麼的關聯呢?首先，在貿易方面針對ASEAN(東南亞國協)和NIES各國的出口量佔全體出口量的百分之四十，此外，在東南亞各國的現地法人營業額也佔百分之三十，直接投資的金額及收益也佔百分之三十，和亞洲的關係極爲密切。此外，對亞洲地區的融資金額在九六年底也增加到兩千四百億美元，亞洲經濟的變化以各式各樣的形式帶來影響。

關於亞洲經濟的混亂對於日本經濟所造成的影響，民間機構大部分認爲成長率大約減少百分之零點三左右，但是日興調查中心則預估在兩年之內，其成長率將大幅下跌百分之二。此外，一九九七年末，IMF所發表的對日本一九九八年所作的經濟預估成長率是百分之一點一，也比一九九七年九月時所發表的向下修正了百分之一。

另一方面，如果看一看關於美國方面，在亞洲的通貨危機也僅限於東南亞諸國的期間，看來尚有餘裕。雖然FRB的葛林斯班主席在當初也曾發表亞洲的通貨危機對美國的影響很輕微，但是在一九九七年十一月十三日的議會表示:「對亞洲的出口因爲無法避免變遲緩，從海外分公司所獲得的利潤也將減少，所以將無法無視於亞洲貨幣危機對美國的影響」，轉變成嚴厲的看法。接下來，於一九九八年一月八日，ＦＲＢ的邁雅理事表示預估對亞洲出口減少的部分將使美國的ＧＤＰ減少百分之零點五，如果包括附屬的影響，將使美國的ＧＤＰ減少百分之零點七五。

到了一九九八年，歐美等地彌漫著一種樂觀的看法，認爲亞洲經濟的混亂所造成的影響是比較小的，紐約等地的股票市場，其股價再創新高記錄。但是，因爲亞洲各國的企業爲資金周轉困難所苦，當前的問題是因爲調度不到原材料和零件而無法順利出口，所以如果能夠恢復穩定的狀況，亞洲一定可以開始正式的出口攻勢，要開始產生正式的影響將在春天以後吧！

ＩＭＦ對於一九九八年的世界經濟成長，從當初預估的百分之四點三向下修正爲百分之三點五。不用說，這當然是由於亞洲的經濟混亂所造成的影響。如此一來，透過貿易和商品市場行情，以及物價的變動，所謂「始於亞洲的經濟大蕭條」這種擔心，是很容易成爲現實的狀況。

※國際金融的擔心

亞洲的貨幣危機對實體經濟的影響過去了，但是第四的擔心，對國際金融的不良影響將成爲重大焦點到來。情況之所以一舉改變，乃是因爲亞洲的通貨危機夾雜著日本的金融不安，在韓國把問題浮出檯面來。那是因爲韓國的GDP（國內生產毛額）位居全世界第九名，同時在世界各國進行投資。投資的國家最多的是亞洲，其次是北美，但是從一九九四年左右，也積極地在歐洲從事投資業務，舉例而言，在波蘭，韓國是最大的投資國，大宇在波蘭擁有汽車和洗衣機、彩色電視、電冰箱等家電產品的工廠。此外，獨立國協（CIS）各國也都是其市場，從一九九六年開始，起亞在烏茲別克生產汽車。因爲此後韓國在這些國家的投資將日漸衰微，所以這些國家當然會受到很大的影響。接下來，大宇公司預定在法國的羅雷奴一地建設新的映像管工廠一事，決定要無限延期。

現今，在市場上擔憂的情況是如下的問題。韓國在俄羅斯從事多項投資和融資，如果韓國長期持續這種混亂局勢的話，將撤回這些資金，此後資金將變成不夠，對俄羅斯的經濟產生影響。關於已經對俄羅斯的政府及公家機關所發行的外債，其規定等級的公司從「安定」的級別降爲「悲觀的」。其結果使外國投資人開始撤回資金，俄羅斯的股價MT指數到了一九九八年變成只剩下一九九七年十月高峰期時候的一半。在俄羅斯已經出現了景氣再度低迷不振、稅收不足，使得政府不得不加印盧布紙鈔以度過難關的分析。

如此一來，因爲貸款給俄羅斯最多的國家是德國，所以也擔心會對德國的金融機關有所影響。即使沒有任何不良的影響，因爲德國是僅次於日本對韓國融資最多的國家，所以即使如此也使不良債權膨脹，以這雙重意義對德國造成影響。這種說法就好像是「如果吹起風來，桶匠就可賺大錢」似的，但是是否會成爲眞實的情況，總而言之還得提到國際金融問題根源。

韓國的情況是偏向於和其他亞洲新興工業國一樣，借入短期資金，如同日本的汽車和電機廠商一樣，如果在海外設立工廠從事現地生產的話，因爲投資是長期性的，所以即使在當地多少有些經濟變動，也不會因此而立刻撤回投資。但是，如果是股票和債券之類的投資的話，萬一發生什麼變化，可以立刻把股票及債券賣掉，把資金撤回自己的國家，快速抽身而走。如果過於依賴短期資金的話，一旦經濟齒輪發生混亂而開始轉動，一年到頭會爲了還錢而到處奔走。因爲這種性質的游離資金膨脹，所以世界經濟就如同在各個角落都放進地雷似的，隨時都可能有引爆的危險。在日本也是如此，這個銀行如果不穩了，好像那一家生命保險公司也會傳出不安全的風聲似的，現在是國際金融世界都充滿危機，大家的內心惶惶不安，一旦這個國家不安全，那個國家就擔心，投機客正準備趁機大撈一筆。

※經濟大蕭條的世界

在此有必要先將經濟蕭條作一個清楚的定義。所謂經濟蕭條，一言以蔽之就是經濟逐漸縮小的一種變化。當時經濟不僅變小而已，物價也下跌，甚至還同時發生失業的擴大及金融不安等社會混亂的現象。我們所提及的經濟大恐慌時代，經濟活動低落到將近原來的一半，四個人之中就有一人是失業的，批發價也下跌百分之三十幾，銀行多數破產倒閉，導致金融不安定，接下來，國際經濟方面，貿易和金融也都瓦解。經濟大蕭條並不僅止於景氣不好，或者物價持續下跌等個別的經濟變化而已，這些變化互相關聯，整體造成使經濟活動縮小的變化。

日本的情況在本書的第四章將作詳細的分析，不僅限於金融機關，個人也好，企業

也好，政府也好，都爲了重整經營體制和財政而拚命節約經費及裁員。舉例而言，因爲節約消費所以東西賣不出去，企業不得不從事精簡化以減少人事費用，如此一來，勞動者收入就會減少，人們變得愈來愈不願意消費。一旦進入這種惡性循環、「魔鬼的週期」，全體經濟就會產生收縮的變化。日本已經完全陷入這種形式的經濟大蕭條陷阱了。

另一方面，放眼看世界，歐洲爲了針對一九九九年的貨幣統一而遵守財政規律，採用傾向緊縮的財政經營策略。此外，爲了使金融政策能夠順利進行，也有必要使短期利率稍微收斂。舉例而言，三個月的期貨利率，在一九九八年二月初時，德國是百分之三點五一三，法國是百分之三點五九。相對於此，義大利則是百分之六點一九五，有相當大的差距。因爲把歐洲貨幣加重平均的ECU期貨利率是百分之四，所以在此被視爲已經有收斂爲較低的程度。因此，假設收斂到百分之三點八的情況，德國和法國的利率就變成要提高百分之零點三左右。即使不如此，貨幣統一是歷史性的重大事件，歐洲的人們容易變得更以歐洲內部爲重點，而且會繼續採行這種緊縮的財政政策。

此外，充滿活力的美國，如同後來也能清楚看到紐約市場呈現出泡沫經濟的變化，所以不知道泡沫經濟什麼時候會瓦解，而產生這種憂慮。如此一來，世界全體變得不安定，所以亞洲的經濟混亂帶來人們所擔心的還要更巨大的影響。由於「始於亞洲的經濟大蕭條」，也使全世界陷入經濟大蕭條的陷阱，順勢而下，的確會變成「全世界同時經濟大蕭條」。

一九九八年一月三日，終於打破了禁忌。FRB（聯邦準備理事會）的葛林斯班主席在墨西哥的演講，首次提及有關大家所忌諱的「經濟大蕭條」的可能性。葛林斯班主席指出，「資產價格的下跌，恐怕會比通貨膨脹帶來對經濟更不好的影響」，此外還表示一旦變成經濟大蕭條，會引起利息意想不到的上升（使用風險溢價這個詞），因爲利息不會降到零以下，所以如果物價持續下跌，實質利率上升，會使經濟活動受到妨礙，工資的下方支撐性很強（不易向下修正），恐怕失業的情況會增加。

葛林斯班主席是美國中央銀行的總裁，實際上是全世界中央銀行的總裁，所以他的發言相當愼重，雖然沒有表示會成爲經濟大蕭條，或者深入考慮一旦發生經濟大蕭條的看法，但是如此相當具體地將問題作一番整理，筆者一邊閱讀葛林斯班所作的演講內容的講義，眞的覺得十分吃驚。提及「經濟大蕭條」一事所造成的影響之大，葛林斯班主席本身也知之甚詳，所以，他以非常大的決心，對「經濟大蕭條」提出警告，自然能抵

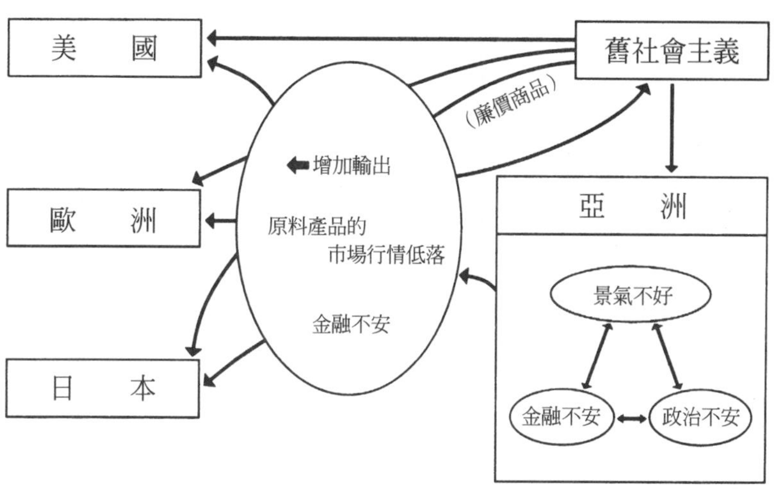

經濟大蕭條壓力（國內）

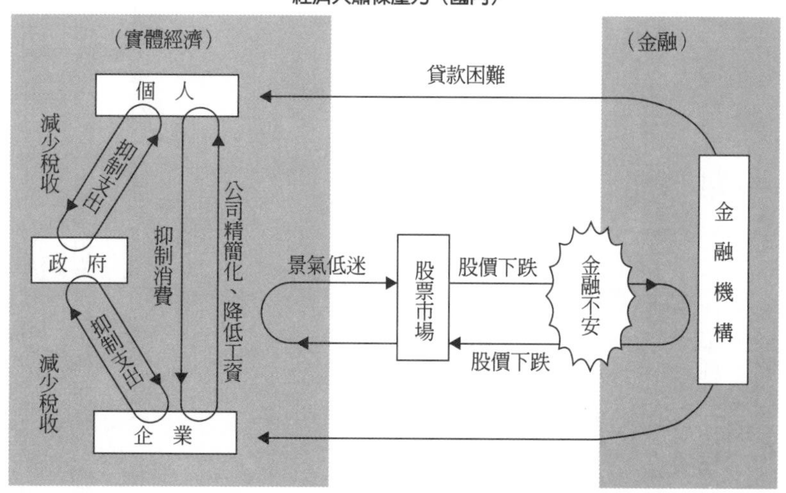

圖1-7 經濟大蕭條壓力的關係

擋「大蕭條」的發生。葛林斯班主席於一九九六年年末，也使用了「沒有根據的狂熱」這種強硬的字眼，指出紐約股市的股價已經泡沫化，對市場提出警告，作了相當強烈的批評。如果考慮到這件事的話，這番演講的確正是對「全世界同時經濟大蕭條」發出警戒的警報。

※世界經濟大恐慌的腳步聲

即使如此，我認爲現今的經濟和經濟大恐慌時的經濟眞的很像。如果把一九三〇年當時失勢的軸心國英國換成現今的美國，把當時成爲債權強國而袖手旁觀的美國換成現今的日本，接下來，把當時爲債務問題而壓得喘不過氣來的歐洲和中南美洲換成現今的亞洲，如此將之對調來看，則可以知道情況眞的太像了。

如果讀讀外國的新聞，就會看到圍繞著印尼經濟局勢混亂的話題，充斥著預測其不履行債務或者延期償付的預測。如果事情眞的演變爲如此的話，借方也好，貸方也好，都會很麻煩，所以我認爲該不會作此選擇，但或許現實情況並非如此單純。在經濟大恐慌時，依靠美國的玻利維亞和墨西哥首先宣布不履行債務。當時，因爲他們是小國家所

以沒有引發太多的關注，但是後來落到德國這個大國終於也走到同樣的不履行債務的悲慘下場。基於這個事件的聯想，如果印尼發生類似不履行債務的事件的話，那麼或許韓國也有可能發生相同的事件。一旦如此，噩夢將成爲事實。實際上，印尼於一九九八年就進入混亂不安的狀態。各地暴動頻頻發生，因不滿物價上漲而襲擊中國人經營的商店，受到襲擊的經營者及有中國血統的居民則逃到軍用設施去避難，在加爾各答的郊外，軍人向發起暴動的民眾開槍射擊，甚至出現死傷人數。不僅如此，印尼除了擁有複雜的人種問題、民族問題外，因爲蘇哈托政權還不穩定，未來將會如何尚難預料，所以很容易變成經濟大恐慌時玻利維亞的情勢。

世界經濟的秩序絕對不是穩若磐石。在經濟大恐慌最嚴重的一九三一年九月，因爲英國無法維持實力以上的匯率英鎊公定價格，所以脫離了以黃金爲本位的制度。同時爲了防衛英鎊，央行貸款利率從百分之四點五上升爲百分之六。美國也在國際金融混亂的情況下，爲了防止資金的流失，將央行貸款利率從百分之一點五提高爲百分之三點五。總而言之，在經濟大恐慌的時候，不得不在提升利率的時候，傾向金融緊縮政策，此後於一九三三年，景氣趨向探底，和金融系統的瓦解有關。

現今世界經濟完全仰賴美國的堅持和努力。但是，美國如果繼續吸收從亞洲等地的出口的話，會使貿易不均衡擴大，恐怕不久將偏向於使美元貶値。有朝一日，或許美國也有必要基於保護美元而提高利率。也就是說，在最不想提高利率的時候，竟然產生不得不提高利率的狀況。此外，如果亞洲的出口快速增加的話，很有可能會刺激美國國內的保護主義派。即使不是如此，一九九八年因爲是中間選舉年，容易將關注的焦點指向國內，在議會中，通商交涉的權限之爭以及對ＩＭＦ的支援等議題，已經使保護主義派的勢力大爲提升。

我們雖然不希望此後會發生類似經濟大恐慌時的悲劇，但是就目前爲止我們所提到的例子，就我們所知道的一樣，甚至已經到了經濟大恐慌的邊緣了。不得不感覺經濟大恐慌的腳步聲似乎是一天比一天近了。

第2章　大恐慌簡史

※兩個時代的類似性

在考慮現在的問題之前，我們決定先看一看經濟大恐慌時的世界是怎樣的情況。經濟大恐慌以一九二九年爲起點，因爲美國的GNP（國民生產毛額）到了一九四〇年爲止才恢復到一九二九年的水準，前後花了十二年的時間，所以將之分爲「衰退期」、「恐慌期」、「恢復期」這三個時期。如同在序章也敘述過的一般，拙著的目的是從今日日本和一九二〇至三〇年代時，經濟大恐慌的美國相似之處著手，根據經濟大恐慌時所發生的事件，一邊重新思考我們現今所面臨的問題。因此，爲了加深讀者的理解，筆者將這兩個時代的類似性整理如下：

「經濟現象」──

(1)在短期間之內擴大經濟，成爲世界上的債權大國。

(2)在此期間經歷了土地投機和股票熱潮，所謂的「泡沫經濟」。

(3)不久「泡沫經濟」瓦解，陷入空前的不景氣、「經濟大蕭條」。

(4)同時，金融體系也大受傷害。

「構造轉換」——

(5)經濟、社會兩方面都被迫面臨構造轉換，但是無法順利因應局勢。

在經濟面產生很大的供需差距，所得分配不均引發社會問題。政府也好，企業也好，依然維持舊有的體質，而使改革遲緩，產業構造無法進行轉換。

在社會面，被迫從「封閉的鄉村社會」轉換爲「開放的都會型社會」，但是無法順利完成轉型。

「國際關係」——

(6)世界的經濟透過資金的流向，成爲一體。

(7)新產生的債權大國，在國際上所擔負的責任雖然變重，但是他們不自覺自己所應承擔的責任，而不履行該責任，因而使貿易和國際金融產生混亂。

「社會現象」——

(8)耐久消費財以猛烈的攻勢普及於平民社會，爲平民帶來富裕的生活。

(9)女性開始參與社會、投入工作，使女性的社會地位提高。

(10)社會上彌漫著享樂、頹廢的氣氛。

一、景氣循環的衰退期（一九二五年至一九三〇年中）

※轉為美國控制下的和平

第一次世界大戰是歷史上重大的轉捩點。歐洲列強由於第一次世界大戰爆發捲入激烈的戰爭而處於疲憊的狀態下，美國在此情況下一手包辦供應戰時所需物資，而持續其經濟的成長，美國的出口量從一九一三年的二十八億美元到一九一八年成長爲七十三億美元，變爲原來的二點六倍。隨著出口量的急增，貿易出超也從大戰時的一九一四年到一九一七年，每年平均出超二十五億美元，達到戰前平均出超量的五倍之多。因爲歐洲各國向美買入物資，賣掉手中持有的債券等美元資產，不得不增加向美國的借款。結果在世界大戰才剛開始的一九一四年，美國雖然擁有三十六億美元的外債，但是到了一九一七年，則一變而爲擁有五十億美元的純債權國，在戰爭結束的隔年（一九一九年），對

外債權膨脹爲一百二十五億美元，取代了英國，一舉榮登世界第一大債權國的寶座。美國在第一次世界大戰之前，國內生產毛額已經超越了英國，在戰後則成爲名副其實的世界最大經濟強國。

第一次世界大戰之後，如果沒有美國的協助，歐洲也無法復興。戰後，美國對外國的投資急速增加。相對於一九二〇至一九二三年時一年以上的長期資本投資額爲二十三美元，到了一九二四至一九二九年時則爲三十九億美元，增加了百分之五十之多。一九二四年，德國爲了支付戰後賠款發行債券，債券之中的一億一千萬美元由摩根商會擔保，申請者達十倍之多，總而言之，美國不僅直接向歐洲各國進行投資，而且藉由購買公債的方法透過德國，以間接的方式將資金流入歐洲。如此一來，整個時代的局勢由「不列顛帝國控制下的和平」，一舉轉變爲「美國控制下的和平」。

※因爲日圓升值而成爲債權大國

日本於一九六〇年代後半擠進先進國家之行列，經過七〇年代、八〇年代的繁榮及發展，確立了日本成爲僅次於美國的經濟強國之地位。對此具有決定性影響的是一九八五年市場的同意。一九八五年，G5（五個先進國）推出糾正美元升值、日圓貶值的方針，介入匯率市場居中協調，使日圓對美元匯率，從當時的一美元兌換二百四十日圓，一口氣變成一美元兌換一百二十日圓。趁著日圓升值的強勢，大舉買入外國資產的結果，使日本於一九八五年的對外純資產超過英國而成為世界第一，日本一舉成為世界最大債權國，進而成為世界最有錢的國家。之後於一九九〇年雖然曾被德國超越，但是在隔年又恢復第一大債權國，一直到今日為止。順便說明一下，日本於一九九六年的對外純資產是八千九百一十億美元，以年末的匯率換算則有一百零三兆日圓。即使在各國的數據都一齊出現的一九九五年，日本的對外純資產也有七千五百億美元，第二名的德國是一千八百億美元，所以遙遙領先世界其他國家。

美國自己也感受到自己的實力在逐漸衰退，市場也承認光靠美國一國已經無法完全支撐全世界經濟的運作了，所以在第二次世界大戰以後，維持了世界繁榮的「美國控制下的和平」已經瓦解了，戰後在經濟方面給予人的印象是逐漸轉變為美國、日本、德國的三極體制。

※戰後的好景氣

美國的經濟在第一次世界大戰之後，因出口的快速下滑，於一九二〇年到一九二一年期間，遭受到了嚴重的經濟不景氣。即使是從一九二三年始恢復景氣的榮面，但也花了七年的時間，到了一九二九年爲止，才回復到人人稱頌的好景氣。如果看一看各國的經濟成長率，從一九一三年到一九二九年爲止，法國年平均成長率爲百分之一點七，英國是百分之零點八，德國是百分之零點四，歐洲各國的經濟年平均成長率都處於很低的狀態，相對於歐洲各國的表現，美國在這段期間則呈現出百分之三點一的高成長率，人看到歐美之間對比性的變化。接下來，美國經濟從不景氣的一九二一年到經濟大恐慌開始的一九二九年爲止，名義上GNP從七百四十億美元，增加爲一千零四十四億美元，增加了百分之四十之多。順便說明一下，在日本經濟的高度成長期，透過昭和四〇年代，GNP從三十兆日圓快速成長爲一百三十八兆日圓，成長了四倍之上，日本的快速成長超越了美國的「如同狂風暴雨般的二〇年代」。

在美國的一九二〇年代，人民的生活發生了很大的改變，爲人們帶來了所謂「大量

生產的時代」「大眾消費的時代」。在二〇年代使經濟快速成長的是，企業旺盛的設備投資的成長、住宅開工以及耐久消費財的成長。尤其是福特汽車生產出新的合理生產系統，使得能夠大量且便宜地爲消費者提供汽車的需求，在相同時候上市的收音機及洗衣機等電器用品，也使人們的消費生活達到前所未有的富裕程度。在這樣一片富裕繁榮氣氛中，一九二八年十二月，柯立芝總統在一般的總統文告演說中，作了如下自豪的總結：「今日的繁榮現象是前所未見的例子，這成果是由美國國民的尊嚴和特質所創造出來的。」

※佛羅里達的夢想

現在的日本及一九二〇年代的美國，給人印象最深的共通點是所謂的「泡沫經濟」，反映出異常的投機熱潮。一九二〇年代的美國，在股票熱潮之前，先有不動產投機熱潮。此投機熱潮是於二〇年代中期始於佛羅里達州。在當時佛羅里達的街道，全面呈現出不動產交易所瘋狂的狀態。紐約的律師所擁有的棕櫚海岸土地在一九一五年左右是價值二十四萬美元。到了一九二三年，這位律師以八十萬美元脫手，在當時賣掉已是買價的三倍以上。該土地在隔年的一九二四年，被作爲建築用地以一百五十萬美元被賣出，到了一九二五年，這土地甚至漲到了四百萬美元的高價。僅僅十年之內，土地增值了十六倍之多。

只要是佛羅里達，不管在任何地方，人人都趁便宜時搶購土地，使地價持續狂飆。將土地細分，只要付出百分之十的頭期款就可購買下來。人人都想將土地轉售牟利，在支付過頭期款之後三十日，到了必須支付最頭一筆款項時爲止，就能有豐富的利潤可圖，再將此土地轉賣他人。到處都可見到巨大新飯店旅館、住宅公寓及賭場的建設計畫。到了土地投機熱潮顛峰的一九二五年夏天，因爲報紙分類廣告過於膨脹，所以《邁阿密日報》發行了史上最大的五百零四頁的報紙。筆者曾在新聞電影中看過那份厚厚的報紙，簡直就像日本的電話簿一般厚厚的一疊，象徵投機熱潮的反常現象。

接下來，在秋天因爲建築業熱潮，甚至連生活相關物資的運送都受到妨礙，地方自治體爲了避免食物不足的危險，基於建築材料並非生活上迫切急需的物品之理由，甚至對裝載建築材貨的貨車下令其禁止通行。

但是，這一場像夢一般的遊戲並沒有持續下去。一九二六年九月十八日，襲擊佛羅里達州的颶風，甚至造成了四百人死亡的大災難。因這個颶風所帶來的災害，使這空前的不動產投機熱潮一口氣冷卻下來。一九二七年時，主要的不動產公司事務所幾乎都關閉了，只留下大筆的帳單。卡魯費斯在《經濟大恐慌》一書中，作了如下的分析：「一九二八年在佛羅里達有三十一家銀行倒閉。一九二九年有五十七家銀行倒閉。將不動產事業作爲『市』的事業使之法人組織化，將所有種類的改良工事以『不課稅金的市的公債』來維持，這種很好的作法，暴露出甚至無法想像到的脆弱。……累積信用的巨大反金字塔一口氣完全瓦解了。」

※空的帝國大廈

不動產熱潮並不只限於佛羅里達州，而且蔓延到美國全境，第一次世界大戰之後的十年，推展了都市化計畫。四百萬人離開農村，遷移到都市來居住。接下來在一九二〇年代的土地投資熱潮，以大都市摩天大樓的建築熱潮達到了頂點，摩天大樓是二〇年代美國進步和繁榮的象徵。紐約商業中心的中央地區，摩天大樓櫛比鱗次，從一九一八年到一九三〇年之間，辦公室的空間成長了十倍。但是，因爲這種摩天大樓建設的投資很

大，所以後來不動產投資熱潮瓦解，也不容易有後遺症。

象徵紐約的帝國大廈也是在這時候完成的，於一九二九年動工，於經濟大恐慌最嚴重的一九三一年五月完工。當時花了四千萬美元的浩大工程在竣工之後沒有人遷入，還被人揶揄爲「空的帝國大廈」。在帝國大廈上班的普洛斯內罕當時表示道：「一邊看著日益築高的建築物，內心不禁充滿期待興奮之情。但是帝國大廈落成時，街上到處可見失業者，整棟帝國大廈空空洞洞，只是空有軀殼，像鬼屋似的。」（《日經新聞》一九九三年七月十八日）普洛斯內罕於一九三七年開始在帝國大廈工作，但是開業了六年，這棟有一百零二層樓高的建築，卻只住滿了四十一層，直到一九八〇年，整棟帝國大廈才完全住滿。

※日本的不動產熱潮

如果提到不動產熱潮的話，日本也不輸給美國，泡沫經濟時期的地價上漲情況十分反常。根據日本不動產研究所的調查表示，當時日本六大都市的地價，每年上漲兩位數字，尤其是一九八七年，住宅用地價格上漲百分之三十點七，商業用地也上漲百分之四十六點八。地價上漲主要是由於不動產業者及企業投機所造成的，但是個人也藉由股票賺錢的方式，使地價上漲的問題更加嚴重。由於地價上漲使土地擔保價值增加了。土地擁有者比以前能夠向金融機關借到更多的資金，透過這些資金，可以再去新購別的土地。和股票一樣，土地交易也要累積信用，在此也可看到僅靠些微的資金就可完成大筆的交易的反金字塔結構。更進一步，透過土地交易賺錢的人把剩餘的資金拿去買股票，在股市賺錢的人反之將資金拿去買土地，這種資金相互炒作，就是使泡沫經濟膨脹爲出乎意料之大的要因，人人都相信地價也好，股價也好，會永遠持續上升。

但是，一九九〇年九月調查的時候爲泡沫經濟的顚峰，地價也暴跌，一九九七年九月，住宅

表2-1　六大都市的地價

（各9月，和前年比）

六大都市的地價	住宅用地	商業用地
1985年	6.6%	15.7%
86	19.7	37.2
87	30.7	46.8
88	11.1	24.8
89	25.3	25.9
90	23.8	18.4
91	− 9.7	− 5.4
92	−20.6	−22.5
93	−14.5	−19.8
94	−7.1	−19.7
95	−7.5	−25.0
96	−5.2	−18.1
97	−2.9	−11.0

資料來源：日本不動產研究調查。

用地從顛峰時下跌了百之之五十二，剩下不到原來一半的價值，此外商業用地更下跌了百分之七十四，剩下只有原來四分之一的價值。現在土地交易幾乎都無法成交，因房地產價格下跌而虧損的業者相當多，大建築商及金融機關處於無法順利運作的狀態。

※過熱的股票市場

象徵一九二〇年代泡沫經濟的是比土地投機熱更甚的股票市場異常狂熱，紐約的股票市場從一九二七年開始繼續快速上漲。一九二六年平均指數爲一百點，從一九二七年一月的一百零六點到年末則快速上漲爲一百三十六點，到了一九二八年末更進一步上漲到一百七十八點爲止，一九二九年九月達到顛峰的兩百一十六點。在這期間不到三年的時間，股市上漲了兩倍多，如果以一九二六年五月的最低點來看，則在三年四個月的時間，股市暴漲了二點三倍。景氣好轉加上金融緩和所支持的投機熱潮，使股市行情大大上漲。

一九二五年英國因爲以過去的比價恢復以黃金爲本位的制度，擁有實力以上的英鎊而使經濟惡化，由於英鎊發生危機，使得資金從英國等地流失到美國去。美國的貨幣當

局擔心會影響到歐洲方面的貨幣準備率，於一九二七年春天，接受英國、德國、法國中央銀行首腦的邀請，將央行貸款利率從百分之四調降爲百分之三點五。倫敦經濟學院的萊歐尼爾．羅賓斯教授斷言道：「從所有的證據看來，當天爲界線，完全處於不受拘束的狀態了。」這件事和一九八〇年代後半，爲了避免美元急貶，日本銀行數度接受美國的強力要求，因應其協調而降低利率一事很相似，這即是產生泡沫經濟的遠因。

之後，爲了抑制股票市場的投機熱潮，FRB（美國聯邦準備理事會）雖然摸索出了金融緊縮政策，但也因顧慮到對歐洲各國的影響，無法做出實際的決策。在這期間，於一九二八年股票市場雖然也有調整局面，但是在該年度九月，財務部部長安德魯．W．梅龍表示：「沒有任何經濟不安的原因。此後應該會繼續經濟繁榮的高潮。」人人都再度確認對未來有樂觀的展望。

※買氣很盛的股市行情

關於股票市場反常的亂象，新聞記者佛雷狄里克．路易斯．阿雷恩在《只有昨日》一書中，有如下的記述。

「零售商人、司機、配管工人、服裝店商人，以及好閒聊的服務生，大家都在談論股票市場的行情。甚至連令人覺得噁心的知識分子都在股市裡玩股票，直到最近明明在感嘆美國人的生活被大量生產引導爲單一而稍嫌乏味的模式，但是連這些知識分子都想受此經濟繁榮之賜而在股市大賺一票，現今股市強勁的買氣已成爲國家的現象了。」

此外，經濟學者卡魯費斯也將當時的社會風潮作了如下的評論：「想以最小的努力快速致富這種反常的慾望支配著全世界。」（《經濟大恐慌》）股票的報酬率頂多只有百分之一到百分之二，投資人把賭注放在會持續上升的股價，只醉心於獲得資本利益。而且，盡可能地不要花費任何費用。因此，信用交易大大發揮了作用。當時，這種借款利率也有百分之八到百分之十，但是這種爲了投資股票的借款及臨時放款都快速膨脹。接下來，這種狂熱到了瘋狂的地步，一九二九年八月，甚至航行大西洋的船舶都開設了股份公司的分行。

這一場席捲紐約股市的瘋狂熱潮，在十月因金融緊縮策略使股市狂跌而譜下休止符。

※喘氣的景氣

連充滿活力的美國經濟，也在股價暴跌以前的一九二〇年代後半開始感受到壓力，而倍感沈重。一九二五年，多數經濟指標都顯示出景氣達到顛峰狀態。在一九二五年，戰後住宅的開工達到顛峰狀態，小麥價格也創下最高價格紀錄。此外，佛羅里達的土地投機熱潮達到最顛峰狀態，於隔年一九二六年因颶風在該地釀成很大的災害，才使地價狂跌。

然而到了一九二九年，紐約股市開始暴跌之後，投機熱潮退潮的變化顯得更加明顯了，礦產工業生產指數在該年五月達到最顛峰，半年之後的九月則跌落到原來的三分之二，達到四十一萬六千點。從八月開始到股市發生暴跌的十月爲止，以各別年率的基準來算，礦產工業生產快速下跌百分之二十，物價下跌百分之七點五，個人所得減少百分之五。

※黑色星期四

一九二九年二月十四日，美國紐約聯邦銀行爲了抑制投機風潮，提倡將央行貸款利率從百分之五提高爲百分之六，但是華盛頓的FRB（聯邦準備理事會）不接受這項提議。股票市場得知政府欲採取金融緊縮政策的動向，股市於三月大舉下跌崩盤。當時兩大商業銀行之一的國家市立銀行總裁，同時也兼任紐約聯邦銀行理事的查爾斯·E·密契爾表示：「我們有義務要迴避金融市場所發生的危機。FRB也不願意看到股票市場崩盤。」表明將繼續積極對投資人給予融資的方針，以抗拒金融當局的想法。但是，在這兩者對立之後，八月九日，FRB（聯邦準備理事會）將央行貸款利率調高爲百分之六。

當時，羅傑·帕普森在全美經營者年度會議席上，表達出「遲早有一天會發生股市大暴跌，而且或許會使經濟變得十分悲慘。工廠將倒閉，人人都將面臨失業的問題，景氣不好的循環已正式開展，結果將造成嚴重的不景氣」。他這番話一說出，令與會者大感震驚愕然。

雖然已有人提出這種警告及採取金融緊縮政策，但是市場上投機性的動態暫時無法收斂下來，股價持續上漲。就連那時的股價也不能持續上漲到最後，道瓊工業股價平均指數於九月三日創下三百八十一點一七點的最高紀錄之後，開始反彈而暴跌。首先於十月十九日創下大幅度下跌的記錄，《紐約時報》刊載出如下的標題「相當沈重的賣壓使股價連續下挫」。二十三日，股價從三百二十五點下跌到三百零五點，跌幅高達百分之六以上。接下來在隔日的十月二十四日，從早上開盤就清一色掛賣出，而無法顯示出成交價，使股市陷入恐慌的狀態，股價曾一時由三百零五點下跌到兩百七十二點，下跌幅度甚至超過百分之十。在證券交易所外面還有警察所派遣的特別隊在駐守，彌漫一股戒備森嚴的氣氛，到了下午，摩根等大規模銀行及投資人開始進場買股票，使市場恢復穩定，當日的收盤爲兩百九十九點，只小幅下跌了六點。但是，成交量甚至高達當時平均的三倍之多，可知當時人心惶惶不安的情況。以這「黑暗的星期四」爲大轉折點，股價掉落到最深的谷底，當年年底，股價下跌到大約只有顛峰時的一半，加權平均跌到一百九十八點。就此揭開經濟大恐慌的序幕。

※悲劇只是剛開始

當時，美國多數的勞動者、農民、中小企業負責人認爲紐約股市的暴跌和自己的生活沒有任何關聯。但是，事情並非如此。股市狂跌立刻產生了很大影響，對人民的生活影響相當巨大。消費萎縮，生產減量，使得景氣急速後退。工業生產從十月到年底，僅僅三個月的時間減少了百分之十，成爲一九二〇年經濟不景氣以來，最快速的下滑。尤其是價錢高的汽車，在此期間生產量甚至減少到只剩下原來的三分之一。

之後景氣開始反彈，慢慢恢復景氣榮面，於一九三〇年上半期景氣勉勉強強開始好轉起來。接下來，股價也於一九二九年年底觸底，顯示出反彈的動向，問題看來似乎是告一段落。在這段期間，人人都認爲因爲這是到目前爲止景氣的反彈，所以陷入不景氣的情況。根據景氣循環理論，將再度轉爲景氣復甦的現象。一九三〇年五月，美國胡佛總統表示：「我們現在已經離開景氣最惡劣的情況，如果我們繼續努力一致向前的話，很快就能步上景氣復甦之坦途。」說明其樂觀的遠景及預測。但是，問題並非如此單純，這只不過是一連串悲劇開始之前的序幕而已。

※二十八億股的大交易

一九二〇年代美國股市的異常狂熱，於六十年之後，這股相同的陶醉感及興奮感籠罩在位於地球另一端的日本，一九八五年由於市場同意，使日本經濟克服了「日圓升值的不景氣」現象，而迎接日本空前的好景氣。日經平均股價指數從一九八六年一月最低點的一萬兩千八百八十一點到一九八九年十二月創下歷史最高點的三萬八千九百一十五點的記錄，整整四年時間，日經平均股價指數上漲了三倍。如果以一九八七年一月的一萬八千五百四十四點爲起點來計算的話，由此到最高點爲止，整整花了三年的時間，正好上漲了兩倍，股價上升的速度可以與二〇年代的紐約股市相媲美。

在這期間，股市的成交量也急速成長，一九八五年的單日平均交易量從四億一千五百萬股，到顚峰時的一九八八年成爲十億兩千一百萬股，變爲兩倍以上。在一九八八年七月六日創下單日成交二十八億股，是歷史上最大的成交量。當天交易一結束，在證券交易所從事股票交易的證券業者因當天工作繁忙，聲嘶力竭並精神恍惚。市場交易顯然過熱。

在債券市場也表現出和股票市場一樣異常的狂熱。一九八七年年初，十年期的長期國債利率爲百分之五點二八，在金融緩和持續進行的過程中，也鼓勵買進債券，使利率繼續下跌，五月十四日下午一點，長期國債的利率甚至下降到百分之二點五五，幾乎和央行貸款利率的百分之二點五相同。當時的商人們，在一天之內買賣債券數次以賺取其間的利差。接下來，他們甚至誇口表示：「買進債券使國債利率比央行貸款利率更低，藉此務要促使央行貸款利率下降。」筆者針對這種反常情況，曾發表「日本銀行憂慮市場行情過熱」這樣的新聞以提出警告，但是過熱的市場行情終究自取毀滅，在五月十四日爲高點，之後債券市場大舉崩盤。到了紐約股市暴跌的一九八七年十月的黑色星期一爲止，利率也隨之快速上漲到百分之六點二五。

※泡沫經濟的夢想

在這期間，白領階級及家庭主婦等之前從來沒有參與過股票交易的人們，也成爲新的投資人加入股市的行列。政府於一九八七年二月將NTT民營化，賣出NTT的股票，多數的家庭主婦及白領階級都看好其將來性，紛紛蜂擁而至證券公司。NTT的股票特別受到歡迎，賣出價格爲一百一十九萬七千日圓，上市之後上漲到三百一十八萬日圓，將近原來三倍的價格。此時，正努力爲重建財政而絞盡腦汁的政府，可以說是不勞而獲地賺到高達十兆日圓的出售股票利潤，甚至使一九九〇年度發行國債的赤字變成零，而使財政狀況好轉。

另一方面，企業也利用這個機會，發行新的股票、可轉換公司債券、附股份收買權的公司債，從資本市場調度多額的資金，其總資金額度從一九八五年到一九九〇年爲止，甚至高達九十一兆日圓。企業藉此調度到巨額資金進行投資，半導體業界就是因這個時期積極的投資而一舉躍升爲世界的首位。此外，資金雖然也運用在購併外國的企業及購買不動產，但是，即使如此，資金仍然有餘，所以再度回流到股票市場，使股價漲得更高。

在這時代，平民也好，企業也好，接下來連政府也好，都醉心於追求「泡沫經濟的夢想」。不熱衷股票熱潮的人被視爲異類，甚至還被當作是傻瓜，這是當時的潮流。

※債權大國的市場行情

從一九八七年黑色星期一的後遺症最快景氣好轉的東京股票市場裡，證券交易所的人員歌頌「債權大國日本」，基於日圓升值、低利率、石油價格便宜的「三大好處」爲題材，不斷出售股票。雖然日本銀行到了一九八九年轉採金融緊縮政策，但是即使利率上升，市場上仍彌漫著景氣還會繼續好下去這種超樂觀的氣氛，使得股價繼續上漲，或許可說是泡沫經濟的氣勢，這情況和一九二九年八月美國央行貸款利率明明上漲，但是紐約股市的股價指數卻一直持續上漲到十月爲止相同。於一九八九年年底封關日，創下近四萬點的歷史最高紀錄，買氣很盛的投資人和證券公司的證券商認爲日本經濟穩定，所以夢想「明年股價指數應能達到五萬點大關吧」！然而，隔年一九九〇年開盤以後，股價跌到谷底。

二、恐慌期（一九三〇年中到一九三三年前半）

※國內經濟的停滯

保持小康狀態的景氣也從一九三〇年代中期開始再度惡化。GNP從一九二九年的一千零四十四億美元，到了一九三〇年減少到九百一十一億美元，接下來一個勁兒地減少下去，到了一九三三年，只剩下五百六十億美元。從一九二九年到一九三三年，GNP實際上減少了百分之四十四，縮水將近一半。在此期間，設備投資的減少很嚴重，一九二九年國內總投資額還有一百六十億美元，到了一九三二年只有十億美元，減少為原來的十六分之一。

相對於此，紐約聯邦銀行調降貸款利率，從一九二九年八月當時的百分之六，到一九三〇年六月調低為百分之二點五，接下來到了一九三一年五月更進一步調低到百分之一點五為止，但是看不出景氣有任何好轉的情況。毋寧說只是擴大了經濟不安，企業家

表2-2 大戰期間美國的經濟指標

事 項	國 民 生產毛額	批發價格指數（BLS指數）			失業人數	失業率
		全部商品	除了農產品 之外全部商品	農產品		
單位	億美元				千人	%
1913年	403	100.0	100.0	100.0	1,680	5.2
1920年	889	220.9	230.6	211.1	1,670	4.0
1921年	740	139.6	150.0	123.8	5,010	11.9
1922年	740	138.3	146.4	131.3	3,220	7.6
1923年	861	144.1	149.2	138.1	1,380	3.2
1924年	876	140.5	142.6	140.1	2,440	5.5
1925年	913	148.2	146.8	153.6	1,800	4.0
1926年	977	143.2	143.0	140.1	880	1.9
1927年	963	136.6	134.4	139.1	1,890	4.1
1928年	982	138.5	132.8	148.4	2,080	4.4
1929年	1,044	136.3	131.0	146.9	1,550	3.2
1930年	911	123.6	121.8	123.6	4,340	8.7
1931年	763	104.4	107.2	90.7	8,020	15.9
1932年	585	92.7	100.4	67.4	12,060	23.6
1933年	560	94.3	101.8	71.9	12,830	24.9
1934年	650	107.3	112.0	91.5	11,340	21.7
1935年	725	114.5	111.4	110.3	10,610	20.1
1936年	827	115.6	113.8	113.3	9,030	16.9
1937年	908	123.6	122.0	121.1	7,700	14.3
1938年	852	112.6	116.8	96.0	10,390	19.0
1939年	911	110.4	116.2	91.5	9,480	17.2
1940年	1,066	112.6	118.8	94.7	8,120	14.6

資料來源：從U.S. Bureau of Census, Historical Statistics of the U.S., Ⅱ nd., 製作，岩波書店《世界的歷史27》。

紛紛賣掉手中所持有的公債，換成現金。接下來，在此之前銀行倒閉破產事件僅局限於小規模的銀行，現在則更進一步，甚至波及到大規模的銀行。一九三〇年底，投資銀行商會以及位於紐約的合眾國銀行都紛紛破產倒閉。針對三〇年代後半這種經濟變化，舒貝塔表示：「人人都覺得大地好像在身邊即將瓦解一般。」

※國際貿易的瓦解

情況會演變到如此悲慘的原因之一是國際經濟秩序的瓦解。先進國家的工業生產到了一九三〇年全都下跌百分之十到二十，從一九三〇年後半開始，美國的景氣衰退變得明顯，以此為導火線，全世界的經濟一口氣進入世界經濟大恐慌的局勢。

尤其是對原料產品依存度高的開發中國家，在先進國家景氣衰退的煽動之下，不得不減少出口。接下來也跟著價格下跌。在第一次世界大戰之後，世界上農產品過剩，到了二〇年代價格持續下跌，甚至連美國在一九二九年秋天都下跌了百分之三十。因為美國景氣衰退蔓延至全世界，所以加速這種農產品價格下跌的趨勢，從一九二九年到一九三二年為止，其價格更跌到只剩下原來的一半，從一九二〇年到一九三二年為止，價格

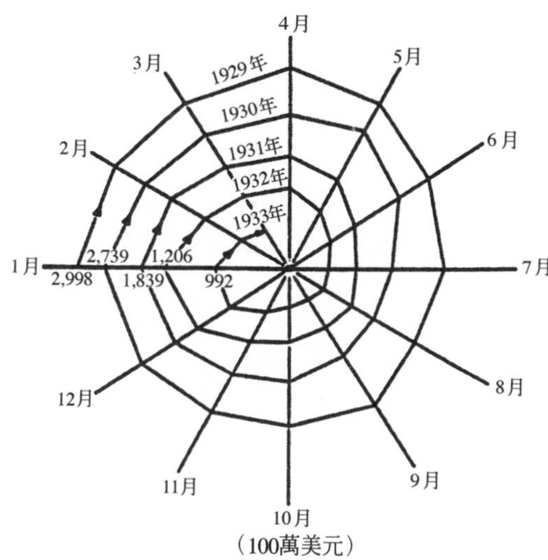

圖2-1 螺旋狀的貿易縮小

表2-1 世界的貿易量(月) (單位:100萬美元)

	1929年	1930年	1931年	1932年	1933年
1月	2,997.7	2,738.9	1,838.9	1,206.0	992.4
2月	2,630.3	2,454.6	1,700.5	1,186.7	944.0
3月	2,814.8	2,563.9	1,889.1	1,230.4	1,056.9
4月	3,039.1	2,449.9	1,796.4	1,212.8	
5月	2,967.6	2,447.0	1,764.3	1,150.5	
6月	2,791.0	2,325.7	1,732.3	1,144.7	
7月	2,813.9	2,189.5	1,679.6	993.7	
8月	2,818.5	2,137.7	1,585.9	1,004.6	
9月	2,773.9	2,164.8	1,572.1	1,029.6	
10月	2,966.8	2,300.8	1,556.3	1,090.4	
11月	2,888.8	2,051.3	1,470.0	1,093.0	
12月	2,793.9	2,095.9	1,426.9	1,121.2	
平均	2,858.0	2,326.7	1,667.7	1.122.0	

資料來源:League of Nations, *Monthly Bulletin of Statistics,* February 1934, p.51.

下跌到原來的三分之一。這種變化甚至從農產品蔓延到工業產品的領域，包含工業產品在內的美國批發物價從一九二九年到一九三二年爲止，下跌逾百分之三十，經濟活動縮小加上物價下跌的雙重因素，使全世界進行著嚴重的經濟大蕭條。

同時各國因爲要保護自己國家的產業，都紛紛開始採取保護主義對策。美國到了一九三〇年，出口銳減，從前年的五十一點六億美元減少爲三十七點八億美元，減少百分之二十。因此，斯慕多和賀利這兩位議員提出了要求提高關稅的法案，「保護美國的產業免於遭受外國低工資、傾銷的競爭」。因此，美國主張達到「高度自給自足的狀態」，景氣也就能好轉。但是有很多經濟學者反對這種主張，提出了所謂「這簡直是向文明世界全體宣布經濟戰爭」的嚴重警告。儘管如此，這條提高關稅的法案仍然在一九三〇年六月通過成立。因爲這個斯慕多．賀利的關稅法，使美國的關稅比以前提高了百分之十三，變成平均有百分之五十三。

相對於此，其他各國依照相關人士所擔心的，一起開始採取報復關稅，英國更進一步於一九三一年脫離了以黃金爲本位的制度。以此爲契機，其他各國爲了追求對自己國家有利的條件，開始擴大貨幣貶值的競爭。接下來在當時是世界最大貿易國的英國，從

一九三二年二月開始制定進口關稅法，對從英國以外的國家進口的物品課徵百分之十的關稅。英國捨棄自由貿易，轉爲保護貿易，因此使世界經濟的情況變得更雪上加霜。英國接下來於七月到八月爲止，召開渥太華會議，英國和構成英國聯邦各國在南羅德西亞和印度之間，完成了「帝國特惠關稅制度」。該制度的目的是爲了完成「經濟區域化」，藉由將經濟圈內各國和經濟圈外各國的關稅差別化，使貿易戰爭達到最高潮。如此一來，國際貿易的體系完全瓦解，全世界的貿易量從一九二九年到一九三三年之間減少到只剩下原來的三分之一，其減少的幅度令人大爲震驚。

※國際金融的瓦解

不只是國際貿易體系瓦解，國際金融也面臨重大考驗。包括在第一次世界大戰戰敗的德國在內及歐洲各國，以及屬於美國經濟圈的中南美各國，都相當依賴來自於美國的大量資金、短期資金。從一九二九年十月紐約股市狂跌以來，蒙受巨大損失的美國投資家，尤其是銀行，爲了自身資金的周轉而賣掉在海外所擁有的資產，開始把資金流回美國，而捨棄在歐洲及中南美各國的投資，這些國家不得不從事危險的經濟經營。

一九三一年一月，南美的玻利維亞陷入不履行債務的困境，拉丁美洲各國相繼陷入這種狀況。接下來五月十二日在澳大利亞佔國內總存款額三分之二的最大銀行破產。銀行很明顯地產生高達兩千萬美元的巨額損失，政府爲了防止金融體系的瓦解，不得不採取保證所有存款的措施。這個事件並不只是單一銀行的經營問題，而是象徵戰敗國共通經濟的脆弱，也就是爲高額的戰敗賠償費負擔所苦的各個窮國的狀況。金融不安的情況蔓延到周圍各國，到了五月底在匈牙利發生銀行擠兌風潮，捷克、羅馬尼亞、波蘭以及德國等地也都發生相同的事件，陷入相同的金融不安困境。

接下來在一九三一年六月五日，德國的布魯寧政權宣布不履行戰時賠款。相對於此，胡佛總統提案對過去同盟國實施延期支付戰時賠款，雖然經過幾番波折，胡佛總統的延期支付戰時賠款方案受到各國的認可。但是，即使有了這項措施，德國仍然無法遏止銀行的擠兌風潮，毋寧說更加深了信用不安的程度，接下來，到了七月五日，大規模的塔納多銀行破產事件使問題浮出檯面，十三日該銀行被迫關閉，藉此事件使德國陷入金融恐慌的困境。

金融市場的混亂局勢也牽連到英國，到了七月中旬英鎊開始貶值，從一英鎊四點八六美元到了年尾一口氣貶值了百分之三十三，成爲一英鎊兌換三點二五美元。這些銀行變得很難收回對德國銀行所擁有的債權，因爲發生害怕資金流動性不足，所以拋售手中持有的英鎊換成黃金。接下來到了一九三一年九月二十一日，英國政府終於脫離以黃金爲本位的制度。二十五個國家繼英國之後放棄了以黃金爲本位的制度，不僅是貿易體系喪失了秩序，連國際金融體系也都完全喪失其原有的秩序。

※日本解除黃金出口禁令政策的失敗

在這時期，日本究竟處於怎樣的狀態呢？日本政府比主要國家慢一步，於一九三〇年一月十日實施解除黃金出口的禁令，以過去的比價恢復了以黃金爲本位的制度。當時因爲市場上日圓匯率比戰前匯率還低，所以爲了恢復過去的比價，有必要使日圓回到原先的強勢，政府採取了金融緊縮政策。但是，實施解除黃金出口的禁令時，全世界已經開始走向經濟大恐慌，日本經濟也一口氣被這股狂潮所吞沒，而一舉進入了昭和大恐慌。在這期間，從一九二九年到一九三一年爲止，批發物價下跌了百分之三十以上，生絲的市場行情也下跌了百分之五十，接著股價也下跌了百分之三十。

各國脫離了以黃金爲本位的制度時，若槻禮次郎內閣的財政部長井上準之助因爲執著於以黃金爲本位的制度，而使日圓成了投機的對象，使大量的黃金流出去。到了一九三一年年末的十二月十七日，犬養毅內閣的財政部長高橋是清決定脫離以黃金爲本位的制度。解除黃金出口的禁令因爲無視於世界的潮流，對世界的潮流無知，所以是典型政策的失敗。

※美國的金融恐慌

國際上的金融不安立刻反過來影響到美國。美國的金融體系因爲體質很老舊，所以即使是景氣很好的時候也絕非太平無事。因此受到國際金融秩序混亂的影響很嚴重，在英國脫離以黃金爲本位的制度的一九三一年九月，美國有三百零五家銀行倒閉停業，到了十月則有五百二十二家銀行關門。

更進一步，歐洲尤其是法國的銀行，爲了收回和英國及德國交易所產生的損失，對美國要求交換黃金和美元，使美國流出大量的黃金。從九月中旬到十月結束爲止，美國的中央銀行所喪失的黃金，總額竟然相當於七億五千五百萬美元的額度。如果考慮到該

年度美國的輸出額爲三十六億美元，貿易出超爲五億美元的話，就能夠想像得到美國流出多麼大量的資金，以及貨幣當局是如何地愴惶不安。爲了防止資金外流，紐約聯邦銀行於十月九日將央行貸款利率從百分之一點五調漲爲百分之二點五，此外並在一週之後於十月十六日更調升爲百分之三點五。密爾敦．佛利得曼和安那．休華爾滋將這項措施嚴厲地批評爲「在這麼短的期間如此快速地調升貸款利率的作法，即使在美國歷史上也是前所未聞的」。因爲美國景氣復甦的腳步很慢，所以藉由利率上升，使經濟一下子面臨到嚴重的事態。

在不景氣的情況下採用金融緊縮政策，使經濟也好，銀行經營也好，都變得更加惡化，於一九三二年十月在內華達州的州立全體銀行都陷入「銀行假期」的情況，也就是陷入銀行全面停止營業的困境。這種變化一口氣蔓延到美國各地，隔年三月，美國有三十八州銀行關閉，在其他州也有條件的零星地繼續營業。接下來於羅斯福總統就任爲新任總統儀式當天的三月四日，在經濟中心要地繼續銀行營業的紐約州和伊利諾州，也終於步上「銀行假期」的命運，美國的銀行體系事實上已經完全臨瓦解的地步。

※銀行假期

剛就任的羅斯福總統開始實施所謂的新政（New Deal）。在開始的議會裡，爲了打破僵局，將一連串景氣對策及力圖改革經濟的法案都委任給議會。在被稱爲一百天議會的歷史性議會裡，羅斯福總統最初所提出的是緊急銀行法，於三月九日在特別國會的第一天，以僅僅一天的審議就正式通過。法案的內容包括藉由政府向民間銀行伸出援手，以供給民間銀行充分的資金，使民間銀行能夠再度營業。在銀行假期期間，政府決定在區分完所謂健全銀行和不健全銀行之後，使健全銀行能夠再度開業經營。

接下來，羅斯福總統於三月十二日在所謂的爐邊聚會的收音機節目中，向全體國民呼籲：「銀行已經沒有問題，大家不必擔心。請安心地把錢存在銀行吧！」如此一來，從隔天的早晨開始，在有地區聯邦銀行的十二個都市，終於在歇業一段時間之後重新開始營業了。據說當天新存款的金額比提款額還要多。

舒雷金格在《羅斯福時代2》一書中，提到當時的氣氛如下：「由於銀行假期宣言的效果，使得國家每個角落都開始彌漫著一股隱約好像春季般的氣息。好像看到從最差

的景氣谷底將要好轉起來一般。人人都感受到自己的困境是國家共同的艱難。」無論如何，由於羅斯福總統堅決的措施，使曾經陷於空前混亂的美國金融恢復了該有的秩序。哥倫比亞大學教授兼羅斯福總統的顧問雷蒙・摩雷在之後表示道：「在這八天之內使資本主義倖免於難。」

※羅斯福的美元貶值政策

在這之後於四月十九日，羅斯福總統採取了禁止黃金輸出的措施，放棄了以黃金爲本位的制度。因爲繼英國之後，美國也脫離了以黃金爲本位的制度，使得維持到目前爲止的繁榮的黃金本位制度完全瓦解了。到了秋天，羅斯福總統透過政府向人收購黃金，使得黃金從南北戰爭時持續一百年以上的公定價格一盎司二十點六七美元，到了隔年二月上漲爲一盎司三十五美元。美元的價格相對下跌，美元於一九三三年末從過去的比價下跌爲百分之五十九點〇六，也就是大幅下跌了百分之四十。羅斯福總統打算讓物價上漲。也就是說，美元的價值下跌，物價上漲，以緩和貨幣緊縮的壓力。爲了克服貨幣緊縮，有必要使物價上漲，因此脫離了黃金本位制度而回復政策的自由，藉由金價格的上漲使美元的價值下跌，以改善輸出等交易條件，這就是羅斯福總統的策略。

在此期間，於一九三三年六月召開了世界經濟會議，在主要各國之間討論了有關克服不景氣的方法。黃金本位制度瓦解，各國陷於貨幣貶值競爭的混亂局勢，在此情況下，爲了安定貨幣制度，各國力圖締結新的協定。到了最後階段，討論甚至進行到同意從一英鎊兌換三點四美元貶值到一英鎊兌換四美元，但是美國要求以一英鎊兌換五點七美元，使英鎊更大幅貶值而拒絕了此案。羅斯福總統表示「不能認同會阻礙國內物價上漲計畫的決定」，採取非妥協性的態度拒絕締結任何協定，而使會議決裂，加速了世界經濟的混亂。

※最悲慘的一九三三年

因爲一連串的保護主義政策和金融市場的混亂，使世界經濟跌到最深的谷底，一九三三年對美國而言，也是經濟大恐慌期間情況最糟糕的時候。在一九三三年，美國的GNP變成只有一九二九年時的一半。成長顯著的汽車及到目前爲止一直是基礎產業的鋼鐵生產量，降到只有顚峰時的五分之一，接下來在建築業方面，契約也減少到不及十分之

一。情況最嚴重的是雇用問題，失業率高達百分之二十四點九，四人之中就有一位失業，有一千兩百八十萬名勞工階級的人，生活無著落。此外，如果除了農業以外，實際上有將近百分之四十的人失業，情況之嚴重幾乎令人不敢置信。

這種情況並不只限於美國，一九三二年到一九三三年這段期間，對於世界其他主要國家而言，也是經濟大恐慌時情況最糟的時期。一九三二年時，英國的失業率達到百分之二十二點五，德國達到百分之四十三點八，日本達百分之六點八八，呈現出各國情況最糟的數據。

※人民的生活

在此悲慘的時代裡，美國國民究竟過著怎麼樣的生活呢？讓我們來整理一下幾個在此期間所發生的插曲吧！在此期間，至少有一百萬到兩百萬人漫無目的地在美國各地流浪。沒有工作甚至連住的地方都沒有的人，就利用大都會和郊外的空地，以木箱和碎鐵作成暫時居住的小屋。諷刺這情況是胡佛總統任內所造成的不景氣，所以稱這些人聚集的場所為「胡佛村」，在聖路易斯的「胡佛村」裡，有一千人以上定居在那裡。順便說明一下，所謂「胡佛毛巾」是指這些人取暖用的報紙，「胡佛旗」的意思是打開褲子的口袋，口袋中什麼東西也沒有。如果提到住的情況，一九三二年十二月在紐約某對夫婦住進中央公園的洞穴裡，整整一年生活在那裡。這情形若發生在石器時代的話，那還情有可原，但是這竟然是發生在二十世紀的先進國家美國，還有人住在洞穴裡，誰能夠想像得到呢？

這種情況不僅發生在都市，在農村也是一樣。因爲農產品的價格暴跌，所以在這之前借錢購買農地、農產機械用具的人們，無法還清借款，有上千戶之多的農戶賣掉手中僅有的一點點土地。在農業地區的州，有百分之八十五的農場變成抵押品，一九三二年時，密西西比州的四分之一土地遭到拍賣的命運。如果是現在的情況，則是白領階級明明好不容易才購買公寓，但卻因爲無力還貸款，只好拋售所購買的公寓。在該年夏天，在愛荷華州的米洛・雷諾，農民集合起來組成「農民休假聯盟」，罷工停止將農產品運送到近處的都市。農民們將高速公路封鎖，後來五十五人被逮捕，釀成一場風波。

沒有飯吃的人們，到處尋找剩飯，在芝加哥餐廳後門放置的剩飯桶內找飯吃，甚至發生了五十位沒飯吃的飢民釀出一場騷動，即使在加州的史脫庫頓，人人也在垃圾堆中

尋找吃的和用的東西。

在這個時代，人人變得開始對資本主義產生疑問。因爲，明明處於物資豐富的富裕社會，但自己卻落得如此貧窮的境地，這種社會在根本上就有問題了，不是嗎？農民們無法運出棉花，但是卻有很多人沒有衣穿。孩子們明明上學沒有鞋可穿，但是鞋工廠卻不得不關閉。給人們「不足與過剩同時並存」這種矛盾印象最強的是政府的農業政策，爲了調整市場上的供需問題，拿出補貼金使農民種棉花，使養豬戶殺出生的小豬，卻引起無衣穿又沒食物吃的飢民產生了完全都沒有希望、鬱鬱不樂的心情。

在此情況下，人人持續著抗爭的行爲，在芝加哥一地發生了五十五人的集團，將一棟四層樓建築完全解體，甚至把煉瓦都一塊塊運走。在礦區地帶，失業的礦工們自己挖掘礦坑，把挖到的煤礦出售得利。

正當那時候，俄羅斯在一九一七年也發生了革命，在共產黨政權下，開始了勞動者的社會建設。但是，在美國這種抗爭行動並沒有造成革命運動，大部分失業者都順從地接受了命運的安排，在一九三一年夏天，傑拉魯多・強生指出，蔓延到整個美國社會的「沒有止境的嚴重悲觀主義」，接著還表示：「美國的能量、活力陷入一種奇怪的麻痺狀態，簡直就像是在無風浪的狀態下停船，而且靜靜停頓下來，也不期待不該到來的風似的。」

的確是沒有工作可做，大規模的鋼鐵公司美國鋼鐵在一九二九年尙有二十二萬五千名的員工，但是到了一九三三年四月一日卻成爲零。在一九三一年秋天，爲了蘇聯和美國的貿易而成立的貿易公司阿姆特魯克，在蘇聯召募員工就職時，在紐約事務所就有十萬人蜂擁前來找工作。

在這時候，「不景氣可能會永遠持續下去」的絕望感支配著整個社會。有關人士最關注的問題是人口的變動，美國自建國以來，首度出現人口零成長的趨勢。人口沒有增加，也無法產生新的產業，使經濟只能從成熟邁向衰退。好像現在包圍著我們的這種封閉的感覺及沒有未來的感覺，支配著當時的美國。

三、經濟恐慌中的恐慌（從一九三三年後半開始）

※新政的進展

羅斯福就任總統後，以金融制度的改革爲開端，逐漸展開其有魄力的政策。在就任之後立刻推出第一期的新政政策，就是把重點放在挽救大量失業者，以解決嚴重失業問題的救濟策略。前一任的胡佛總統，對於失業者的對策，因爲基於政府應該只能扮演間接干預的角色這種傳統的想法，所以沒有推出明顯的對策，但是羅斯福將這種態度作一百八十度的轉變，認爲政府應該直接出面創造雇用機會。成立了市民資源保存團（CCC），使青年到各地去從事植林及水利設施的建設，市民復業廳（CWA）則從事臨時性的公共事業，給人民就職機會。此外，有名的TVA（田納西溪谷開發公社）事業，也是在此期間完成的。

更進一步，藉由在當時還很有效且針對第一次世界大戰後世界性生產過剩而陷入停頓的農業制定的農業調整法（AAA），拿出補助金，實施生產定量限制，針對產業界則透過全國產業復興法（NIRA），制定公平競爭條例，以排除產業間過度競爭及包括整頓勞動條件，意圖透過一種聯合企業以調整經濟活動。透過全國產業復興法（NIRA），之後由公共事業廳（PWA）取代了市民復業廳（CWA），推動了公共事業。

※國際關係的重整

一方面把眼光放在國際面，透過各種形式，努力進行國際關係的重整。於一九三四年，由於美國國務卿哈魯不斷付出努力，成立了互惠通商協定法。透過締結互惠通商協定法的會員國，降低其關稅，到了一九三七年底爲止有十六個國家締結該協定，美國修復了佔該國貿易三分之一的這些國家之間的貿易關係。雖然這些協定大都是缺乏實質效果的，但是即使這些協定無法扭轉傾向於保護主義的潮流，至少能扮演抑制該趨勢擴展的角色。此外，一九三六年，法國力圖使法郎貶值，首先停止以黃金爲本位的制度，英、美、法三國締結了通貨協定。該協定的目的是英、美兩國約束法國，不要發動新的通貨貶值競爭，使通貨的貶值競賽能夠及時踩煞車。三國之間的通貨協定同時也針對滙兌市場的投機性變化，透過三國的中央銀行通力合作，力圖使匯率能夠安定，基於這個具體策略使彼此的幣值能夠保持平衡穩定的行情。這就是一直持續到今日，中央銀行之間互惠信貸的起源。

在如此內外政策兼具的情況下，於羅斯福就任爲總統的一九三三年，景氣從谷底慢慢好轉起來，生產活動也好，物價也好，都慢慢有起色，從一九三六年的下半期開始以更快的速度成長起來。接下來，到了一九三七年春天，生產水準終於超過了一九二九年的水準，似乎看得到嚴重的經濟大恐慌譜下了休止符。

※經濟大恐慌的恐慌

但是，美國這種好景氣的情況並沒有一直持續下去。一九三七年八月以後，景氣急速下降，到一九三八年六月爲止，不到一年的時間，生產活動就減少到原來的三分之二，從經濟大恐慌最悲慘時期開始辛辛苦苦所累積起來的經濟成果，又折損了三分之二。在這期間，股價也跌到剩下幾乎只有一半，失業率當時雖然曾下降到百分之十四點三，卻又一口氣惡化到百分之十九點三，使人民再度陷入一片不安之中。當時，鋼鐵業的操作率，在僅僅三個月的時間內從百分之八十，一口氣降低到百分之十九，GM（通用汽車）公司解雇了三萬名員工，留下來的員工也變得一周只需要上三天班。這種歷史上史無前例的短期間急速景氣下跌，被稱爲「經濟大恐慌中的恐慌」，顯示出大恐慌的根源很深，雖然表面上看來經濟已經恢復了，但是卻顯示出美國經濟根基的脆弱及不穩固。

在當時，民間部門的經濟活動的投資顯得停滯沒有活力，消費者的貸款餘額比起一九二九年超過百分之三十以上，換句話說，經濟活動相當脆弱。由於巨額的財政赤字需要藉由政策性的需要來維持，所以換句話說，經濟活動並非靠一個人可以挽救得了。然而，到目前爲止採取比較積極的財政政策的羅斯福政權，到了這一年，再度力求財政均衡主義，爲了重整財政而排定緊縮預算案，喪失財政支持的經濟立刻就瓦解了。因此，人們甚至把這時候的不景氣，稱之爲「羅斯福時代的不景氣」。

※新政的結束

羅斯福總統透過此次失敗的經驗，將方針轉換爲積極的財政政策。一九三八年四月，推出包含追加支出二十億美元及十億美元放款的振興景氣方案，因此美國景氣再度

好轉。工業生產從一九三八年六月到一九三九年八月爲止，恢復了百分之二十八，就業率也增加了百分之十四。但是，即使在這時的生產活動，也和新政初期的議會和總統蜜月期間相同的程度，根據國家產業會議的調查，失業人數尚有九百五十萬人之多，經濟問題依然未獲解決。

羅斯福政權的權威反映這種經濟狀況也逐漸下降。羅斯福當選連任總統之後的第二階段新政，將政策的重點從失業問題及雇用對策轉移到社會改革，藉由華古納法律認識工會，藉由社會保障法，針對六十五歲以上的老年人支付老人年金，此外也導入了失業保險制度。但是，另一方面，第一階段新政的農業調整法（AAA）及全國產業復興法（NIRA）變成違憲。更進一步，在一九三九年春天，加上失業救濟，爲了擴大政府的投資，在議會上不能通過放款赤字預算法案，使羅斯福總統逐漸喪失其影響力。佛雷狄里克·阿雷恩表示如下：「現在終於似乎看到羅斯福的新政政策結束了。已經使盡所有錦囊妙計，沒有新的妙方可以使用了。即使還有新的策略，也無法再現新策略的遊戲了。藉由這種經濟的實驗，美國已經很顯然地變得精疲力竭了。」（《從昨天以來》一書）

※由於第二次世界大戰使經濟大恐慌結束

使美國景氣開始恢復好轉的是由於第二次世界大戰的到來。從「經濟大恐慌中的恐慌」恢復景氣榮面的原因之一，是因爲從國外接受武器的訂單。此時世界已經看到即將到來的第二次世界大戰的蹤影。一九三六年義大利併呑衣索匹亞，一九三七年中日戰爭開始爆發，接下來德國於一九三八年併呑捷克。

在此期間，各國除了再度展開擴充軍備的競賽之外，均想奪得霸權，世界經濟也因此逐漸區分成幾個區域，形成地域之間的區域性經濟，逐漸形成英鎊、馬克、日圓等經濟區。從日本輸出到韓國、中國東北、台灣等地的「日圓經濟區」的出口量，從一九二七年到一九三八年爲止，總輸出額從百分之二十四成長爲百分之五十五，從這些地區輸入日本的總進口量則從百分之二十快速上升爲百分之四十一。

國際性的金融市場也發生變化，讓我們看一下美國的情況，外國的企業透過新發行的債券，到目前爲止發行債券所支付的利息及償還的額度，比從美國調度的資金還多，另一方面，英國也限制資金的流出，世界第一大經濟國及世界第二大經濟國都放棄擔負

供給資本的責任。

接下來，到了一九三九年九月，終於爆發了第二次世界大戰。連在之前一直保持外交孤立主義的美國，也於一九四一年，因爲德軍攻擊巴黎而決心參戰。因此，美國就實施積極的國防預算支出，爲了生產軍事物資，採取全國總動員，使民間企業閒置的設備都充分運作起來。在戰爭期間，世界的生產量雖然上升了百分之十五至二十，但是，美國的生產量成長最明顯突出。從一九三九年到一九四四年的五年之間，工業生產量成長爲三倍，實質ＧＮＰ成長爲一點五倍。軍需的生產在一九三九年，不過佔ＧＮＰ的百分之二而已，一九四三年時甚至成長爲ＧＮＰ的百分之四十，可知戰爭對經濟的影響有多大。

如此一來，到了一九四〇年，ＧＮＰ成爲一千零六十六億美元，終於超過了一九二九年時候的水準，於一九二九年因爲紐約股市暴跌而引發的美國經濟大恐慌，花了十二年的時間終於結束了，但是，之所以能克服經濟大恐慌，乃是透過戰爭這一種悲慘的犧牲所帶來的，無法以和平的方式，尋找出該問題的解決方案。

第3章 重複的錯誤——一九三七年的問題

※是否重蹈覆轍

從歷史學習當然是爲了現在正發生的困難，或者此後有可能發生的問題做準備。日本政府抓住一九九六年景氣看起來好像恢復穩定的機會，標榜著財政重建的口號，一口氣在一九九七年度的財政預算編列時，轉爲緊縮財政。這種措施很明顯的就是重蹈一九三七年的覆轍，也就是說當時羅斯福總統將明明只不過是暫時景氣的恢復誤判爲眞正景氣的恢復，而轉爲採取緊縮財政政策，導致了美國史無前例的所謂「經濟大恐慌中的恐慌」這種嚴重的後果。在本章，我們將一邊看日本政府爲何會判斷錯誤，一方面思考有關於就經濟來看的陷阱。

□揚智文化事業股份有限公司 □生智文化事業有限公司

謝謝您購買這本書。

爲加強對讀者的服務，請您詳細塡寫本卡各欄資料，投入郵筒寄回給我們(免貼郵票)。

E-Mail:tn605547@ms6.tisnet.net.tw

網 址:http://www.ycrc.com.tw

您購買的書名：______________________________

購買書店：__________市/縣__________書店

性　　別: □男　　□女

婚　　姻: □已婚　　□未婚

生　　日:____年____月____日

職　　業: □①製造業 □②銷售業 □③金融業 □④資訊業
□⑤學生 □⑥大眾傳播 □⑦自由業 □⑧服務業
□⑨軍警 □⑩公 □⑪教 □⑫其他______

教育程度: □①高中以下(含高中) □②大專□③研究所

職 位 別: □①負責人 □②高階主管 □③中級主管
□④一般職員 □⑤專業人員

您通常以何種方式購書?

□①逛書店 □②劃撥郵購 □③電話訂購 □④傳真訂購
□⑤團體訂購 □⑥其他

對我們的建議

106-

台北市新生南路3段88號5F之6

揚智文化事業股份有限公司　收

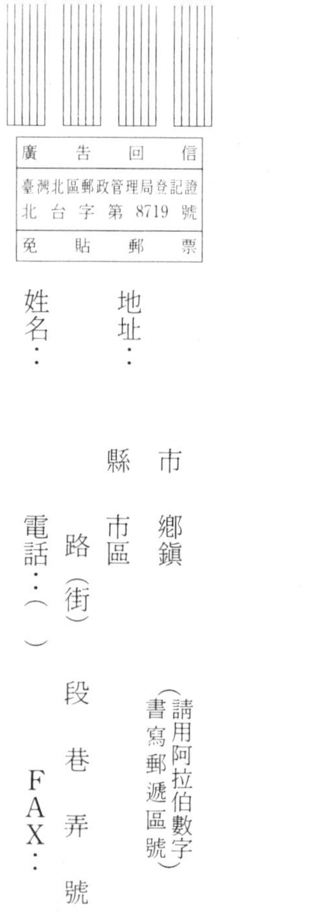

廣告回信

臺灣北區郵政管理局登記證

北台字第8719號

免貼郵票

（請用阿拉伯數字書寫郵遞區號）

地址：　　　縣市　　　市區鄉鎮

路（街）　段　巷　弄　號　樓

姓名：

電話：（　）

FAX：

一、由盛而衰——石油危機以來的低迷

※一九九六年的好景氣

首先讓我們來檢視一下泡沫經濟瓦解之後景氣的腳步吧！雖然東京股市從一九九〇年初開始大跌，但是因爲泡沫經濟景氣的餘溫猶存，所以景氣眞正開始呈現低迷狀態是在一九九一年之後。從一九九二年度開始持續有三年的期間，呈現成長率不到百分之一的零成長時代。接下來，到了一九九五年的秋天，由於日圓快速升值，使得日本經濟甚至要走到「差點就落到螺旋狀經濟大蕭條」的境地，日本銀行將貸款利率調爲百分之零點五，同時政府也撥出十四兆日圓，採取實質戰後最大規模的積極經濟對策。結果使得日圓匯率轉而走貶，景氣從下半期開始急速好轉。在這期間，政府對景氣所作的判斷一直是不正確的，雖然

表3-1　實質經濟成長率
（1996年）

日本	3.5%
美國	2.4
英國	2.1
法國	1.5
德國	1.4

在一九九三年六月、一九九四年九月、一九九六年二月，三次宣布景氣恢復，但是在政府宣布之後，每次景氣都惡化，使得政府無法取得國民的信賴。

經過這種過程，一九九六年景氣的腳步終於回穩了，的確，景氣也呈現出和以往不同的榮面，似乎終於要走完長長黑暗的隧道而看到一片光明。在一九九七年春天提高消費稅之前，住宅及耐久消費財突然增加需求，使經濟呈現出好像是泡沫經濟期的氣勢。實質經濟成長率一九九六年達百分之三點五，一九九七年度達百分之二點九，在先進國家之中達到最高的成長率。礦產工業生產超過泡沫經濟期的顛峰，回到史上最高的水準，企業收益也連續三年成長，到明年預估能創連續四年成長的記錄。在此情況之下，股價也上升，於一九九六年六月二十六日創下兩萬兩千六百六十六點大關，寫下泡沫經濟以來的兩年內新高記錄。

※政府的緊縮財政

日本政府看到這種情況，作好充分準備，決心要實施緊縮財政政策。一九九六年年底於編列一九九七年度預算案時，決定停止從一九九五年度開始持續的兩兆日圓特別減稅方案及將消費稅從百分之三調漲爲百分之五。此外，財政部從一九九六年秋天開始也大力展開財政重整運動。這項「財政構造改革」是橋本龍太郎首相所提倡的「六大改革」（包含「行政」、「經濟構造」、「金融構造」、「社會保障」、「教育」等五項改革）中，被定位爲最重要的課題。接下來，爲了重整財政也策定了有關計畫，在一九九七年秋天，臨時國會以「到二〇〇三年度爲止要使赤字國債變爲零」爲目標，成立了決定各領域具體數字目標的財政構造改革法。

爲何在這種不景氣的情況下，會在一九九七年度預算通過緊縮財政政策？這種財政重建運動怎麼能夠得勢呢？筆者眞的是無法理解。事實上從一九九七年四月，美國政府的高官看到日本實施增稅制度，就不敢置信地表示「怎麼可能呢」。這或許是世界的常識吧！當然，財政應該是健全的，但有時候在特別情況下則不然。財政是爲了經濟的目的而存在的，所以如果考慮到日本經濟的實際脆弱狀況的話，就不難想像到那種可怕的事情。視爭奪預算爲最重要目的的自民黨等政治人物，不會贊成讓自己下台的政策順利通過的。

如果聽到相關人士所說的話，似乎最大部分的原因，是由於財政部狡猾的策略運用所致。以義大利為例子作說明。義大利為了加入即將到來的一九九九年歐洲貨幣統一（歐元）組織，以達成跨越財政赤字基準為目標，全力削減赤字。其結果根據一九九七年的預測，財政赤字對GDP的比例為百分之三，甚至降到貨幣統一的基準，遠遠低於一九九六年度日本的百分之四點二。財政部的官員充分利用這些數據，大大地對國會議員灌輸「日本比義大利的情況還要糟糕」這種觀念。如果提起義大利的話，雖然是有歷史及傳統的大國，但是似乎在國會議員諸公身上反映出義大利人是樂天派的悠閒，且凡事都吊兒郎當的人種。日本輸給義大利的是日本凡事都感覺到嚴重的危機感，一口氣就使財政重整的氣氛蔓延開來。

※景氣的變化

如此來迎接一九九七年四月。按照所預測的住宅也好，消費也好，都比前年大舉下跌。在五月及六月雖然都持續這種傾向，但是在這時候，多數的經濟界人士及政府相關人員認為，這只是伴隨著消費稅的提高刺激需要減少的一種反作用罷了。但是，即使到了夏天，這種傾向並沒有停止的趨勢，從這時候起，經濟界變得異常不安。這種景氣低迷的現象，莫非不是單純由於消費稅提升所造成的需要減少的反作用，而是景氣衰退的訊號。

於九月十一日所發表的四至六月的GDP，使這種不安成爲關鍵性的結果。四至六月的GDP比一至三月的GDP大舉下跌了百分之二點九，所以以年率來看的話，是負百分之十一點二，成爲昭和四十九年第一次石油危機以來的低迷狀況。這個數字對於已經實際感受到景氣變化的經濟界人士而言，雖然只不過是事後承認過去的數據而已，但是從下跌的幅度之深，可再度領會到經濟情況的嚴重性。

實體經濟在之後更進一步持續低迷。消費銳減，一九九七年十二月的家計支出比前年減少百分之五，成爲第一次石油危機以來，二十三年未見的大幅下跌。新車的銷售到一九九八年一月爲止也持續十個月下跌，比前年還低，該月份減少百分之二十三，成爲二十四年以來的新低記錄。超級市場的銷售額也於一九九七年十二月創下和前年比較，大幅減少百分之十八點六的新低記錄。更進一步，在一九九七年十一月機器所接到的訂貨量比上一個月減少了百分之十一點四，甚至連到目前爲止一直保持穩健成長的設備投資，也開始清楚地看到了陰影。一九九七年十月十一月的失業率高達百分之三點五，回到歷史上失業率最高的水準，連續五個月以來的招募員工率也都持續下跌，使雇用情況變得更加嚴重，實體經濟的問題日益惡化。

由於和這種變化相關聯，使股價再度大舉下跌，陷入了「魔鬼的圈套」而無法自拔。因爲景氣不好所以股價下跌。股價愈是下跌，大量持有股票的金融機關變得愈沒有伸縮餘地而喪失其實力，使金融不安更加速蔓延開來。因此，這種金融機關的股價下跌，更進一步造成全體股價下跌的惡性循環。因爲這種情況，爲了確保經營的健全性，即使是根基比較穩固的金融機關也變得貸款困難。金融不安加上貸款不易，當然也會對消費和生產的實體經濟產生不良的影響，而使景氣無法向前。也就是說，股票市場及金融市場的混亂，使經營機關的情況更加惡化，經營機關的惡化再擴大市場的混亂，這種循環和這種金融不安會扯住實體經濟的後腿，使經濟無法成長，而擴大金融不安，這兩種循環相互影響，迫使日本經濟走到窮途末路，進入典型的經濟蕭條劇情裡。

二、一九三七年的檢證

※景氣的恢復期

雖然在經濟大恐慌的簡史裡有提及一九三七年究竟發生了什麼事，但是，在這個章節裡讓我們再重新詳細地看一看吧！經濟大恐慌於一九三三年三月的「銀行假期」及接下來在四月放棄了黃金爲本位的制度，以此爲轉捩點，脫離了經濟大恐慌時最糟糕的狀況。一九三六年的確是充滿希望的一年。GNP的名義成長率在一九三三年跌到谷底，之後急速成長。因爲下跌的幅度太大了，所以於一九三四年成長百分之十六點一，一九三五年成長了百分之十一點五，於一九三六年成長百分之十四點一，連續三年成長率都達到二位數字。一九三六年的住宅建築比前年急速增加百分之六十九，汽車及家具的購買量也增加了百分之二十七。此外，中小企業到了這個階段終於也出現利潤，在經濟大恐慌期間設備投資首次轉爲增加的情況。

促使景氣恢復的動力是汽車及相關的鋼鐵、輪胎等產業。汽車和鋼鐵快速增加設備投資，尤其是鋼鐵於一九三七年的設備投資甚至超過了一九二九年的數量。在此期間，大企業從一九三三年開始逐漸增加利潤，尤其是在一九三四年，扣掉分紅所剩下的保留盈餘，在經濟大恐慌後首度轉負爲正。大企業終於雇用勞工，慢慢調漲工資，其結果使個人消費也緩慢增加，透過這種循環使經濟活動擴大。

這股氣勢甚至持續到一九三七年爲止，到一九三七年年中時，生產水準超過了一九二九年的水準，那麼嚴重的經濟大恐慌似乎也看得出將譜下休止符了。但是，這景氣的復甦也沒有持續太久。

※一九三七年的恐慌

景氣衰退從一九三七年初開始。原因是政府支出減少和個人消費衰退所致。因爲第二季的商品價格一步步上漲，產生趁現在先買下來這種投機性的庫存投資，使得景氣暫時好轉。而且，從前年開始的投資熱潮餘波猶存，耐久財接受訂貨的情況也持續成長，在三月鋼鐵、火車以及工作機器的新接訂貨量都創下新高記錄，爲了要消化大量訂單而

表3-2 1937年經濟大恐慌

	製造業（1923～1925＝100）			股價	失業率
	生產	雇用	工資	（代表50股）	（年平均）
1935	90	91	74	96	20.3%
37.8	117	112	108	142（高價）	14.3
38.6	74	84	71	69（低價）	19.3
37→38	▲37%	▲25%	▲34%	▲51%	

資料來源：長沼秀世、新川健三郎《美國現代史》，岩波書店。

使生產活動持續維持很高的水準。

但是，八月以後景氣快速下降，到隔年的一九三八年六月爲止，僅僅十個月時間，生產活動減少爲三分之二。在此期間，特別由於要提防物價上漲而事先買起來這種心態下的銷售業績成長的耐久消費財，造成需要的增加。從一九三六年十二月開始，配合抑制政府支出的步調，對耐久消費財的訂貨量急速銳減，於一九三七年五月，接受訂貨量減少到只有顚峰時的百分之六十四，再加上景氣衰退的因素，汽車的銷售從一九三七年秋天到隔年的年中爲止，衰退到只剩下五分之二，生產量也減少到三分之一。股價在此期間跌到幾乎只剩下一半，失業率原本恢復到百分之十四點三，在當時也急遽惡化到達百分之十九點三。GM（通用汽車公司）解雇了三萬多名員工，留下來的員工也變成一周只須上三天班，人人再度陷入一片不安的氣氛當中。

※眼看著將要崩塌的景氣恢復

情況爲什麼會變成這樣呢？首先，讓我們來檢討一下景氣的內容。生產活動在一九三七年，的確曾暫時超過一九二九年的顚峰狀況。但是，批發物價和二九年相比，尚且低百分之九點三，失業率也還依然維持在百分之十四點三的高水準，有高達七百七十萬的人口失業。總而言之，生產活動雖然逐漸呈現復甦的跡象，但是全體經濟不景氣的氣氛依然很濃厚。

如果看一下民間的投資，就可清楚知道景氣的穩固程度。果然在第三季民間的投資毛額幾乎恢復到一九二九年的水準。投資之所以會增加，是因爲之前也提到過的，大企業即使在不景氣的情況下也能產生利潤之故。但是，投資毛額的百分之三十五是屬於庫存投資，而且企業的設備投資也主要是以老舊機器汰舊換新爲中心，舉例說如果爲了擴大營業而新設工廠，這種積極的情況相當有限。到了一九三〇年代，就沒有像二〇年代般的耐久消費財投資熱潮，完全沒有住宅及高樓建設方面的投資。最重要的原因是，對

景氣的未來沒有清楚的展望，所以不能下定決心增加生產。如此一來，以生產活動爲中心的景氣恢復動向，持續到將來爲止，都不能很穩固。

而且，消費者靠借錢來維持生活。分期付款的銷售方式是在這個時代才出現的新措施，但是在一九三七年金融公司所接受到的分期付款匯票急速增加，甚至超過一九二九年的百分之三十。總而言之，消費者的貸款快速增加。當時的美國經濟，民間投資稍嫌不足，消費也稍受景氣變動就大受影響，相當的脆弱，所以要透過巨額的財政赤字來維持脆弱的消費。

因爲景氣恢復並不是眞正的恢復，所以雖然金融緩和，但是金融、資本市場的變動依然遲鈍。儘管股價差不多已有好轉的情況，還是很少有人願意把資金積極投入股市，企業也不願意發行新股以調度資金。一九三七年六月新資本的發行額，僅達到一九二九年九月顚峰時的百分之二十八而已。另一方面，在金融界，銀行雖然募集資金，但是因爲企業對投資採取愼重態度，所以並沒有把資金用在生產活動的領域，而且不動產市場呈現麻痺狀態，所以以不動產作爲融資的情況也僅止於很低的水準。因此，銀行只有投資國債一途。無處可去的資金，都轉向風險低的安全國債，使國債的利率持續下跌。

※擔心通貨膨脹

直接造成一九三七年不景氣的原因，是由於金融緊縮政策及財政支出的減少。

從一九三六年後半開始，景氣好轉，物價和工資開始上漲。消費者物價在這之前都幾乎沒有變動，卻從一九三六年到隔年爲止，上升百分之一，工資還大幅上漲了百分之四點二。物價上漲的背景，是因爲洪水及旱災等國內因素，及歐洲再度進行軍備強化的運動，開始了原料的爭奪競爭。如同在之前也提到過的，企業增加庫存投資的理由之一，是因爲有通貨膨脹的傾向，擔心未來的物價上漲，所以預先採購起來以作準備。對食品及銅、鉛等原料的投機性購買及買期貨的動作，加速物價上漲的趨勢。

另一方面，工資從一九三六年十二月開始上漲。如果以一九二九年的指數爲一百來衡量，從一九三六年十二月的一〇五到一九三七年年中則快速上漲爲一百二十一。經濟情況明明尚未充分好轉，但是卻只有工資比起一九二九年高出百分之二十，出現這種異常現象，其原因和不久前在一九三六年十一月所舉行的美國總統大選，羅斯福再度當選連任有關，因爲支持羅斯福總統的工會，趁著選舉之後的氣勢，要求大幅度提高工資，在此時期也相繼發生了爲了擴張權利的勞動抗爭。

※資金「追求品質」——金融緊縮

資金的流動也發生了異常變化。從一九三五年到一九三七年爲止，美國的貿易收支，出超的幅度愈來愈小，因爲銀的進口增加，所以經常收支三年之內平均成爲一億三千五百萬美元的赤字。以資本收支來彌補經常收支的赤字，在此期間從國外流入的資金，將近四十億美元。於一九三五年，從國外流入美國淨值高達十七億美元的大量黃金。在該年度的三月，比利時的貨幣貶值，十月義大利和衣索比亞開戰，政治及經濟危機在黃金出口聯盟各國之間蔓延。因此，擔心歐洲貨幣是否會再繼續下跌這種恐慌性的想法擴展開來。此外，於一九三六年英、美、法三國所締結的所謂三國通貨協定，暫時讓貨幣貶值競賽停止下來，因此，保有黃金的歐洲投資家，開始將其屯積的黃金換成美金，更進一步，美國政府期待黃金價格會再下跌，而加速了外國資金流入美國的趨勢。

這種動態是所謂的資金「追求品質」（flight to quality），易言之，即是「由於世界經濟混亂而產生的異常資金的流入」。這種資金被用於投資股票，以維持紐約的股價，同時也在美國國內增加資金的流動性，成爲通貨膨脹的原因之一。

爲了因應這種情況，美國政府及金融當局轉而採取金融緊縮政策。其具體對策有三，第一是藉由增稅及減少歲出以縮小財政赤字，第二是提高加盟聯邦準備制度的銀行其法定必要準備率，第三是採凍結黃金政策。有關財政方面將在後面作討論，在金融方面，首先於一九三六年八月將法定準備率提高爲百分之五十。但是，因爲資金的流入而看不到財政緊縮的效果，到了十二月，銀行貸款有急速增加的趨勢。因此於十二月採取了凍結黃金的政策。雖然以財務部所制定的公定價格買進國外帶進來的黃金，但是把黃金定位爲不活動的資金而將之凍結起來，不能實行新的信用創造。然而在一九三七年的三月和五月，分別實施第二次及第三次調漲法定準備率。由於調漲法定準備率，必須作法定準備預備的銀行在六千三百六十七家中只有一百九十七家，其額度因爲只有一億兩千萬美元，所以影響並不大。但是，事情並非如此單純。

在三月進行了第二次的調漲法定準備率之後，包括聯邦債券在內，債券的價格快速下跌，使利率上升。因爲法定準備不足的地方銀行，爲了準備其資金而賣掉手中所持有的國債。國債的利率從一月的百分之二點四七，到了四月上漲爲百分之二點八，達到預

期以上的緊縮效果。因此，財務部和中央銀行特別聲明要維持價格不變，到了四月實施買進國債計畫，才止住了國債價格下跌、利率上升的趨勢。

※羅斯福時期的不景氣

一方面，在經濟大恐慌的情況下，財政支出於一九三四年以後繼續快速增加，於一九三六年會計年度，財政支出對GNP達到了百分之十一的規模。因爲一九二七年時只有百分之三點七，所以到了一九三六年，實際上成長爲三倍。其結果，財政赤字爲四十九億五千萬美元，對GNP也高達百分之六。一九二九年當時是採取財政均衡政策，可知財政負擔是如何沈重。但是，在此之前還採取比較積極的財政政策的羅斯福總統，從一九三七年度預算開始再度主張財政均衡主義，即現在所謂的以財政重整爲目的的緊縮預算。在歲入方面，依照一九三六年歲入法，新設了所謂累進保留盈餘稅的稅金，強化法人間紅利稅的稅率，對法人課徵相當重的稅。另一方面，歲出從前年度的九十億七千萬美元，削減爲八十五億五千萬美元，削減的幅度高達百分之五點七，結果使赤字額度減爲三十二億五千萬美元，減少爲三分之二。接下來，在一九三八年度也不放鬆，繼續削

表3-3　美國的國家財政

（會計年度・億美元）

	1936	1937	1938	1939	1940	1941
歲出	90.7	85.5	76.9	92.7	93.1	137.7
歲入	41.2	52.9	62.4	56.7	59.4	83.0
赤字	▲49.5	▲32.5	▲14.5	▲36.0	▲39.2	▲61.6
GDP	825	904	847	905	997	1,245
赤字比	6.0%	3.6%	1.7%	4.0%	3.9%	4.9%

	1942	1943	1944	1945	1946
歲出	342.9	797.0	955.7	1,004.0	637.1
歲入	137.0	234.1	454.4	477.7	442.8
赤字	▲214.9	▲574.2	▲514.2	▲539.4	▲206.8
GDP	1,579	1,916	2,101	2,119	2,085
赤字比	13.6%	30.0%	24.5%	25.4%	9.9%

資料來源：因爲無法取得統一的統計，所以到1939年爲止引用《美國現代史》，（p.90），1940年以後根據《美國控制下的和平之形成》（p.60-61），引用的數字本身，也許有誤差、缺漏，係數未必吻合。GNP則根據《美國歷史統計》一書（原書房，p.224）。

減歲出，結果在這兩年之內，歲出大大減少了百分之十五點二。當時，如果將從國民手中所徵收的社會保障金列入考慮的話，政府暫時從國民手中所得到的收入比支出還多。

本來市場行情的變動就很弱，經濟原本就不是可以獨立存在的狀態，卻又採行這種金融緊縮及削減財政支出的政策，所以經濟馬上就垮掉了。金朵伯格於《大不景氣下的世界》一書中，關於這一點敘述如下：「一九三七年和一九二

九年的情況不同，問題是從哪裡開始的，情形很清楚。景氣衰退的確是始於美國。美國一打噴嚏，歐洲就罹患肺炎。……（一九三七年八月以後）美國紐約股市的暴跌使世界的資本主義陷於不安的情況，爲了塡補在紐約股市虧損的部分，需要新的資金。景氣衰退的原因之一，在於美國政府將財政政策大大轉換爲緊縮財政。」

這是由於政策錯誤所造成的不景氣，因此將這時候的不景氣稱爲「羅斯福時代的不景氣」。大衛．羅倫斯批評羅斯福總統，指責他「引發了幾乎可以稱之爲恐怖的不安，阻礙經濟機構全體士氣的不信任念頭。羅斯福的行爲破壞了使市民的財產和儲蓄安全的金融經濟界的活力和信義」。

當時，羅斯福絞盡腦汁也不知該如何是好。如果和剛就任爲總統時的一九三三年相比的話，情況好多了，但爲什麼經濟突然失控而呈現混亂的局勢呢？接下來該如何處理才好呢？大家對這突然到來的經濟恐慌，與其說感到惶恐不安，不如說更感到困惑。

三、預兆、狀況認識的樂觀

※典型的財政緊縮政策

在此我們再一次回到日本的情況。在我們的周圍究竟發生了什麼事呢？

如同在之前所提及的，日本政府於九七年度預算，採用了緊縮財政政策。在歲出方面，政策經費增加了百分之一點六，地方交付的稅金，實質增加了百分之零點九，兩者加起來只增加了八千億日圓左右。相對於此，特別減稅廢止的部分有兩兆日圓，消費稅從百分之三增加爲百分之五，隨之而使負擔增加了五兆日圓，社會保險費的負擔增加了兩兆日圓，總共加起來，負擔增加了九兆日圓。因爲日本的GDP是五百兆餘日圓，所以光是這些增加的負擔，就成爲使GDP降低將近百分之二的要因。根據OECD（經濟合作暨開發組織）的調查顯示，日本經濟所擁有的供需差距達百分之二點八、十四兆日圓以上。在擁有如此龐大的供需差距情況下，又要增加九兆日圓的負擔，如同政府所說

的，要以民間自力的經濟活動擴大來塡平這差距，是太過於草率、魯莽的作法。

因爲，九六年的經濟成長由於預測出口及消費稅增加造成刺激需要的成長，出口由美國經濟穩健一事，及亞洲經濟持續成長一事看來，的確是呈現順利的情況。但是，對美國貿易出超的趨勢有增無減，引起美國方面的憂慮，爲了避免經濟摩擦，日本對美國的出口並非能肆無忌憚地持續增加。此外，所增加的需求不僅是耐久消費財，連住宅也看到需求的增加。正當那時候，低利率且調漲消費稅在即，大家好像以一窩蜂的心情買住宅，而且想盡辦法借錢以購置自用住宅的人不在少數。另一方面，爲了擴充事業而從事設備投資的企業很有限，換句話說，這只是虛有其表的繁榮罷了。

※金融恐慌、信用危機

加上這種財政方面通貨緊縮的政策，金融制度的改革變成實質的金融緊縮，直接衝擊到日本經濟。政府於一九九八年四月開始導入「早期更正措施」制度。這是爲了確保金融機關經營的健全性，要求銀行等機關對自己規律的制度，所以衡量健全性的尺度則是根據自有資本比率等客觀的基準，財政部基於這種基準，對於經營內容不好的金融機

表3-4　自有資本比率法則

$$\text{自有資本比率} = \frac{\text{自有資本}}{\text{總資產}}$$

（資本減少10%）

4000億日圓 / 5兆日圓	→	3600億日圓 / 4兆5千億日圓	▲400億日圓 ↓12.5倍的影響 ▲5000億日圓

關命令其改善業務及停止營業。

自有資本比率則成爲焦點所在，這比率是以自有資本除以總資產來做計算。有經營國際業務的銀行自有資本比率的目標爲百分之八，只在國內推動業務的銀行，其自有資本比率的目標爲百分之四。銀行的總資產額是以貸款佔最大比率，所以經營國際業務的銀行只能融資到自有資本的十二點五倍爲止。但是，因爲金融機關的股價低迷，手中持有的金融資產價値縮水了，加上不良債權的償還使自有資本減少，因此分母的總資產也就是貸款就變小了。

舉例而言，如**表3-4**裡所示的一家自有資本共四十億日圓的銀行。爲了滿足百分之八的自有資本比率，貸款等的總資產爲五兆日圓。因此，資本減少百分之十，變爲三千六百億日圓的話，爲了維持百分之八的自有資本比率，則貸款等資產就有必要壓縮爲四兆五千億日圓。由於自有資

本減少四百億日圓，使融資額度減少五千億日圓，也就是說在經濟上有十二點五倍的削減效果，發生負面的槓桿作用。

另外一提的是，金融業界的龍頭老大東京三菱銀行，有效運用其雄厚的實力，下定決心積極償還不良債權，因此也和二流以下的都市銀行產生很大的差距，不但減少融資，也加速了貸款困難的趨勢。

如此一來，金融機關貸款削減的幅度預估總額高達三十兆日圓之多。因爲日本的金融機關其融資總額爲七百兆日圓，所以削減融資的幅度高達百分之四強，是相當驚人的數量。之前所提及的財政支出、國民負擔和融資的削減即使不能相提並論，但是單純地將這些項目加起來就有四十兆日圓左右，也佔了GDP的百分之八左右。

看到金融機關這種變化，企業公司方面也呈現不穩定的情勢。在一九九七年底從十二月初開始，據說在企業界居領導地位的企業就爲了過年發年終獎金的資金而走訪銀行。因爲業界的領導企業率先採取行動，所以二流企業也慌慌張張向銀行張羅資金，得知這種動態的三流以下企業嚇得臉色發青，呈現經濟恐慌的混亂局勢。這種騷動擴大開來，發生了資金明明很充裕卻無法周轉的異常現象。在一九九七年十二月所發表的日本銀行短期經濟觀測，也呈現金融機關的貸款態度變嚴格，利率稍有上升趨勢的結果。日本銀行雖然採取金融的超放寬政策，但是，實際上因爲金融恐慌（貸款困難），而變爲金融緊縮的狀態。

在這種從財政及金融兩方面所加諸的財政緊縮壓力下，日本經濟當然無法承受。事實上，日本經濟已經被捲入這場狂風暴雨了。

※一九三七年和一九九七年的類似性

雖然到此爲止，筆者僅輕描淡寫地記述這些事實，但是各位讀者已經都注意到一九三七年和正好六十年之後的一九九七年之間的類似性了吧！是的，這兩個時代之間，的確存在驚人的類似性。

美國的一九三六年，也就是紐約股市大跌之後的第七年，日本的一九九六年正好也是東京股市重挫前從最高點的一九八九年末之後的第七年。二者都是經濟在長期不景氣之後，恢復活絡的狀況，一掃長期的陰霾，終於充滿光明的時期。

第一，生產活動雖然恢復到泡沫經濟瓦解之前的水準，但是美國是在一九三六年，

日本則是在一九九六年。第二，美國企業業績好轉是從一九三四年開始到一九三六年爲止，顯示了三年連續利潤增加的穩健動態，相對於此，日本的企業業績也在九五年三月，終於在五年沒有增加利潤的情況下，到九七年三月爲止，連續三年增加收入。第三，好景氣同時途中也受投機心理所維持，一九三六年因擔心通貨膨脹的心理刺激需求，日本的情況則因調漲消費稅在即而刺激需要。第四，股價雖然呈現穩定的動態，但是這兩個時期的情況，與其說是國內的投資人積極買進股票，毋寧說是外國的投資人買進股票，是藉由外國流入的資金來維持股市穩定。

接下來，如果將發生經濟問題的一九三七年和一九九七年做比較的話，其景氣下滑的嚴重性和其原因十分相似。第一，在一九三七年，發生了所謂「經濟大恐慌之中的恐慌」如此嚴重的情況，一九九七年第二季，景氣下滑兩位數，被稱爲第一次石油危機以來最嚴重的情況。第二，景氣無法好轉是因爲主張財政重整的錯誤政策，在經濟大恐慌時是由於羅斯福總統所採取的財政緊縮政策，日本則是由橋本龍太郎首相和財政部主張貫徹大型改革運動而採取緊縮政策，結果兩者都導致消費大幅度下滑。第三，有關金融緊縮方面，在經濟大恐慌時，爲了防止通貨膨脹而使金融緊縮政策走過頭，日本的情況則是為了改革金融制度而採取措施，使得貸款困難，結果變成了意想不到的緊縮效果。

如此一來，日本無論如何也無法逃離經濟大恐慌的魔掌。日本政府為何會犯下這種政策上的錯誤呢？此外，難道沒有任何危機的預兆嗎？

※不能看穿危機的預兆

結論很簡單，雖然危機有預兆，只是政策當局沒辦法看穿而已。危機的預兆，在發生金融不安之前一年的一九九六年十月就能看得到。十月二十日的選舉，初次變為小選舉區制度，由自民黨大獲全勝。到目前為止，如果是由保守勢力的自民黨獲勝的話，股市就會上漲，但是，此時情況和往常不同。在一九九六年六月二十六日股市收盤為二萬二千六百六十六點，創下泡沫經濟瓦解後的最高記錄。之後，雖然稍有下跌，但是在投票之前，十月十八日仍保持有兩萬一千六百一十一點的水準。投票日之後的二十一日，卻大幅下跌了三百零九點，收盤為二萬一千三百零二點。在東京股市裡，掌握交易主導權的是外國投資人。這些外國投資人對選舉所作的評價為：「日本人不喜歡激進的改革。結果只能期待和目前為止一樣緩慢的改變，因此無法跟上外部環境迅速變化的步

調。」根據這種判斷，一起拋售手中持股。

之後，股價一步一步下跌，到了十二月，股市好像以坐雲霄飛車般猛烈的速度大舉暴跌，到了隔年一月爲止，跌到一萬七千三百三十四點。如果秋天股市異常的表現，是因基於中期的角度對日本的將來失望的賣壓所致的話，這時的狂跌則是因那時實施一九九七年度的預算案目標採取緊縮財政，由此可想像最近景氣的低迷，是對此所產生的不安及擔心所造成的。股價明明已呈現出這種動態，顯示出這麼清楚的訊號，但是日本政府卻繼續忽略這些訊息。政府當局認爲「景氣的步調很穩健，消費稅調漲的影響僅限於一時」，和泡沫經濟瓦解之後，認爲「日本經濟的基本原則很穩健，所以沒有問題」完全一模一樣。日本政府眞的好像很厭惡市場。日本雖然表示以市場指向的經濟爲目標，但是一旦市場反應和自己所認爲的相反時，便推託那是市場過度反應，而不願去反省自己政策是否錯誤。因此，無法觀察出問題的預兆，也無法找到解決之道。然而，這種態度使日本經濟落到今日這種悲慘的下場，至今卻沒有任何改變。

四、是景氣的循環，還是構造的變化

※流量和積存

這次景氣的低迷是由於日本政府判斷錯誤、政策錯誤所導致。一九九六年所呈現的好景氣，明明是由於調漲消費稅之前所造成之需求的增加，只不過是表面的繁榮而已，但是政府卻將之誤解為景氣自然規律的恢復。這種判斷錯誤的原因，乃是將現今的經濟情況當作景氣循環的問題來考慮，而不將此問題視為構造性的變化。在以下的部分，我們決定來思考一下這個問題。

在思考日本經濟的時候，真的令人覺得不知如何是好。因為，那不是外在的問題，毋寧說外表看來毫無問題。雖然失業率達到戰後最高的水準，但是還沒有像歐洲各國般超過百分之十。商店裡的東西應有盡有，在街上走的人，每個人都穿著體面的衣服，看起來沒有任何拘束、都很幸福的模樣，至於年輕人，沒有找到固定工作，身為無拘無束

的無業者而歌頌自由。到日本參觀旅遊的外國人都表示相同的看法。「爲什麼日本的經濟情況會這麼不好呢？」的確，這就是問題的核心。

日本的經濟如果只看其每天動態相關的所謂「流量」的側面，情況並不糟糕。但是，其致命傷在於支持這流量的「積存」面，因爲這部分眼睛不容易看到，所以無法抓住問題點。

舉例來說，泡沫經濟就好像是不考慮基礎的穩固性而趁勢一直向上增蓋房子，結果被其重量壓倒，上層的樓房也傾倒崩塌。經濟的根基是資產，舉例而言就是土地和股票。在泡沫經濟的時代，股價也好、地價也好，都瘋狂似地飆漲，其根基就好像吹氣球般大大膨脹起來。因爲只是如同吹氣球般地膨脹起來，所以很脆弱，如果先調查一下這個根基眞的有多穩固之後再採取行動的話就好了，但是就因爲基礎變大了，所以就決定擴建。也就是說，企業基於表面上膨脹的資產，向金融機關借錢，從股票市場調度資金，以這些借來、調度到的資金，擴大事業或大舉購買外國的企業及土地。由於太貪心，擴建得太過火，才導致脆弱的根基不堪負荷的後果。

話說，閣樓的玻璃破了，門壞了有裂痕。但是，如果把玻璃及門卸下來換上新的就可把問題解決了，牆壁上的裂痕也可以再經過粉刷來解決問題。如果經過這樣的加工處理，暫時還能住，而且外表看起來似乎和以前沒有兩樣。這即是「流量」的部分。

另一方面，「積存」的情況則是如此。「積存」是支撐房屋的基礎部分，基礎倒塌了，這和閣樓的牆壁裂縫情況完全不同。如果放著不去管它的話，柱子會倒，房子也會塌陷，所以無法再繼續住在裡面。因爲根基的部分眼睛看不到，所以很不容易去理解問題的嚴重性。有時明明知道根基的情況不穩固，還自欺欺人繼續使用，甚至自稱根基的大小正好適合閣樓的大小。如果是三層樓建築的話，要破壞三樓的部分，或者下定決心，也許也有必要連二樓都剷除。只能配合根基的穩固性，而使閣樓保持平衡。

但是，日本經濟表面的部分，因爲已經適當粉飾得很漂亮了，所以從外表看起來，好像完全沒有問題，甚至連住在裡面的人們都認定沒有問題，而不知道情況已不妙了。有必要同時著手修復閣樓及補強、整理根基的部分，當然，因爲連根基都有裂縫，所以如果下定決心，從基礎部分都重新建造、重蓋房子的話就好了。這次，因爲政府的判斷將注意力全部放在「流量」的變動，而無視於「積存」的問題，所以作出錯誤的決策。

日本人、日本經濟被認爲有很強的應變危機能力。戰後的復興也是如此，經過兩次

的石油危機也都很完美地度過難關。但是過去的例子，其問題就眼睛看得到的意義而言，都是屬於「流量的危機」。雖然在當時「危機的發條」的確是發生作用了，但這次是屬於完全不同形式的危機。因爲「積存的危機」眼睛看不見，所以如果不運用想像力，或者堅持道理來思考問題的話，無法了解問題的本質。因爲日本的社會，並沒有接受徹底思考事物的這種訓練，所以一點也無法向前繼續討論。雖然有「大家都加油，無論如何一定可以打開僵局的」這種精神理論發揮作用，但提到有關究竟問題是什麼、要如何打開僵局等有關具體的問題、深刻分析問題的議論都沒有，所以也無法擬定有效的策略，只能採取臨時應急的因應之道，而這只是徒費時間罷了。

因爲經濟是活的東西，所以景氣有好有壞。問題在於那是在怎樣的架構中變動呢？日本的經濟和社會的構造在進行改革，在出現新的秩序以前，眞的無法使景氣有穩定復甦的可能。即使是九六年的好景氣，也只是中間景氣。也就是說，不過是在不景氣的過程中，暫時的好景氣而已，只要考慮大環境的話，立刻就能了解的。

※構造改革和泡沫經濟瓦解的雙重打擊

日本經濟現今處於非同時處理泡沫經濟瓦解之後的情勢及作構造的改革不可的階段，有著相當沈重的負擔。所謂構造改革就是這種情況。日本於一九八五年的市場同意，約定了作爲經濟強國，也對世界經濟的運作負有責任。經濟規模一旦變大之後，經濟也好，社會也好，都面臨質變。規模變得愈大，與外部的接觸點就愈增加，也就是說，無論如何都會受到國際化情勢所影響。在這種過程下，在經濟方面，其構造也被迫從「依存外需」轉換爲「依存內需」。此外，社會構造也不得不從「小規模的閉鎖性鄉村社會」，轉換爲「大規模的開放型都會」，用通俗的說法來表示，則是從「溫柔且互相安慰、照顧的社會」，轉爲「弱肉強食的，以理論和力量獲勝的冷漠社會」。

但是，日本幾乎一直無視於國際公約，漠視對世界的約束。無論市場開放也好，放寬限制也好，都只是敷衍了事的作法，所以不斷重複貿易摩擦，導致「日圓升值」，結果造成「泡沫經濟」。「日圓升值」就日本人的感情看來，是受外在「壓迫」所致的結果，但從世界的角度來看的話，是日本自己任意「造成」日圓升值。「泡沫經濟」也好，

「泡沫經濟瓦解」也好，都是咎由自取的後果。因爲未曾意識到這個問題，所以永遠也無法將焦點放在構造性問題上。到現在，日本經濟還是依賴美國、依靠出口而存活下來。

※構造轉換的困難

這種社會和經濟的構造轉換並不容易。現今，即使是歌頌繁榮的美國，透過放寬限制等構造改革到結出果實爲止，從雷根政權以來，也花了十年以上的時間。在經濟大恐慌時，美國也面臨同樣問題，經歷艱辛考驗。在這之前把美國經濟拉上來的農業，從第一次世界大戰前後開始走上衰退之路。另一方面，在產業界也開始發生很大的變化，在此之前的基礎產業，諸如鋼鐵、鐵路、纖維等，被汽車、化學、食品等新興產業所取代。反映大眾社會的登場，產業的比重從基礎產業轉移到和一般民眾生活接近的消費及服務等相關的產業。

問題是，這種比重的轉移，並不是進行得很順利。在經濟大恐慌時代，纖維、鋼鐵及木材等舊產業持續低迷，相對於此，家庭用機器、化學、加工食品等新產業則穩定持續成長。但是，這些新興產業沒有足夠的力量以支撐並牽動美國全體的景氣。尤其是雇

用吸收力方面，的確是力量不足。

一九三一年當時，佔GNP前幾名的產業，第一名是食品、食品加工業，其次是汽車等運輸用機器、纖維、印刷、金屬製品。相對於此，在雇用方面，佔前幾名的產業中，首推纖維業高居第一，接下來依序是金屬製品、木材、材材製品、食品，也就是說，已經成熟化而成長停滯但依舊還有雇用力的舊產業，和雖有成長力但不具雇用吸收力的新產業之間，有很明顯的不平衡性。

附帶說明一下，汽車產業在一九三一年時，生產居第二位，雇用吸收力佔第十二位。到了一九三五年，生產躍居爲第一名，雇用吸收力也一舉而成長爲第八名，福特汽車於一九一三年開始大量生產之後，也花了二十多年的時間，才勉勉強強成爲經濟的主要推動力。由此可知，構造轉換是如何因難的一件事。

日本經濟同時背負著處理泡沫經濟瓦解之後的問題及構造改革這兩個課題。如果仔細考慮的話，這兩個問題是由相同的根源所產生。因爲無法順利進行由市場同意所強烈要求的改革，結果導致了「泡沫經濟」；因爲這種態度，所以至今尚「無法妥善處理泡沫經濟瓦解之後的問題」。而且，「流量和積存」的問題，因爲和泡沫經濟問題相關，結

果變成只要不好好理解「泡沫經濟」和「泡沫經濟瓦解」的意義，就不能正確理解現今所發生的問題。但是，政府並沒有善加整理泡沫經濟的綜合性問題，也就是爲什麼會發生泡沫經濟？泡沫經濟瓦解之後的政策究竟哪裡發生錯誤，才會不斷發生同樣的錯誤，而使事情變得更加惡化？不去思考自己究竟處於怎樣的狀況，只看眼前景氣好壞的起伏而一喜一憂，而束手無策。這次的事件簡直就是由政府所造成的騷動。

第4章 經濟大蕭條的恐慌

一、對經濟大蕭條無知的日本

※有關經濟大蕭條的神學論爭

在日本，如果說出眞正的想法就會受到排斥，有這種奇怪的習慣。因爲，如果一針見血地說出問題的所在，把責任弄清楚的話，一定要有人去承擔不可，所以要顧及同事及前輩的感受，最後往往就迴避了問題核心。一旦戳到痛處，就會被視爲無視日本社會法規的人，而被組織排斥在外。總而言之，日本是無法作爲批判而成立的社會，因此，蔓延著多一事不如少一事的消極主義，遇事就掩蓋起來而不去解決，結果把爛帳留給後面的世代去承擔。這種消極主義在政府公家機關表現得更明顯，故而「經濟大蕭條」的問題也完全被當作難以對付的事件來處理。接下來，經濟大蕭條的病原就蔓延到整個日本社會的體質，使日本經濟生病。

一九九五年六月二十日，相當於美國中央銀行的ＦＲＢ（聯邦準備銀行）理事主席葛

林斯班發言表示：「日本經驗到了第二次世界大戰後首度眞正的經濟大蕭條。」此外，在之前英國的雜誌《經濟學家》模仿湯姆斯．曼的著名小說《魂斷威尼斯》一書的書名，以「魂斷經濟大蕭條」爲標題，指出：「在一九三〇年以後，最先面臨劇烈的物價下跌的先進國家是日本。」在當時，對日本經濟情況有經濟大蕭條的這種認識，已經是世界的常識了。接下來，於一九九八年一月三日，葛林斯班主席終於提及世界性經濟大蕭條的可能性，暗示了事情將演變到非同小可的境地。

但是，不可思議的事是，日本政府當局至今還把經濟大蕭條這句話當作是一種禁忌，不能成爲大家所議論的話題。經濟學家宮崎勇於一九九五年八月內閣改組時，就任爲經濟企劃廳廳長，在首次記者招待會之前，經濟廳事務次長以下幹部訪問新任首長宮崎，據說宮崎勇事先就說好：「身爲經濟學家雖然有學者的想法，但是作爲國家的行政首長則千萬不能使用經濟大蕭條這個字眼。」之後宮崎首長也感嘆地表示：「我也認爲是經濟大蕭條，如果刻意迴避使用這個字眼，反而會歪曲事實眞相。」因爲使用所謂經濟大蕭條的字眼，擔心會使人的心情變得悲觀而不想使景氣有所回升，但是以不想正視問題的態度來面對問題，則似乎無法找到解決之道。本來政府官員就很熱衷於所謂「是經濟大蕭條呢？抑或不是如此呢？」的神學論爭，但是根本不從應該如何因應這種危機情況的角度來思考。當前經濟企劃廳的首要官員在任職時，皆不斷表示「不用擔心景氣問題」，但是就在此時，日本民間卻輕易展開悲觀論。究竟身為政府官員的責任感、作為人的節操在哪裡呢？

※日本銀行過於樂觀的認知

最先意識到「經濟大蕭條」問題的，恐怕是日本銀行，但是其認識不夠充分。日本銀行於一九九五年九月，將貸款利率從已經是史上最低記錄的百分之一，調降為百分之零點五。負責調降貸款利率的日本銀行，表示日本經濟「已將陷入經濟大蕭條的螺旋前夕」，作了這樣毫不留情的判斷。在該年度，從年初開始日圓就大幅升值，到了四月終於創下一美元兌換不到八十日圓的歷史最高記錄。在此之前曾經數度度過日圓升值難關的製造業，也因這次的日圓大幅升值終究使情況完全改觀，全都呈現悲觀慘淡的結果。豐田汽車總經理奧田碩先生對日本銀行幹部的聽證會強迫道：「再這樣繼續下去的話，連本公司也不能增加雇用機會了。希望您們認眞採取應對措施。」接下來，各產業界的優

秀企業也都發表同樣看法，使日本銀行張皇失措。「如果再繼續這樣下去的話，雇用不安的危機會蔓延開來」，基於這種強烈的危機意識而作出的判斷，即是百分之零點五的特例超低利息政策。

日本銀行的眞正本意是，這次調降利率的措施，只是緊急避難的對策，如果一美元兌換八十日圓這種反常的日圓升值現象能夠穩定下來，使經濟回穩的話，立刻就要調漲貸款利率。實際上因爲透過日美市場利率差距的擴大，使資金從日本流入美國，外匯市場則轉爲美元走強而日圓走貶。此外，政府除了調降央行貸款利率，也採取了十四兆日圓的大規模景氣振興方案，而使景氣也逐漸好轉。日本銀行立刻開始探索利率調漲的方案，從隔年（一九九六年）年初開始，就透過財政部大臣的發言，升起了調漲央行貸款利率的廣告氣球。對此大表驚訝的美國表示，「如果觀察日本的經濟情勢的話，很清楚調漲利率將會致命」，對日本方面所採取的因應方式以強硬的語氣表示不滿，不久，調漲利率的計畫就無疾而終了。

這時採取金融緊縮政策，不管是從景氣對策來看，或從經營機關的經營來看，都不是現實的作法。在低利率的情況下，金融機關暫時能獲得很大的利益。因爲，一旦調降

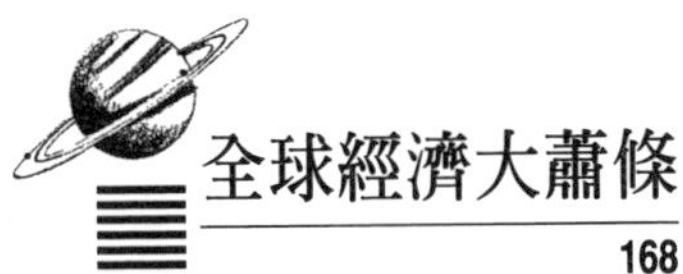

央行貸款利率會使市場利率下降，銀行向市場調度資金的利率也會隨之下降。相對於此，貸款給企業和個人的利率，暫時會停留在以前所約定好的水準，等到期限到來才會調降貸款利率。以作生意爲例子，對銀行而言，從市場調度資金的利率就等於是買進價格，放款利率則相當於賣出價格。因爲買進價格先調降，賣出價格還維持在過去的水準，所以銀行的利差當然變大了。如此一來，由於利率改變的時間差，使金融機關可以獲得很大的利潤，當時金融機關的利潤可算是空前的了。

反之，如果調漲央行貸款利率的話，則會發生完全相反的事。也就是說，雖然放款利率暫時維持原來的水準不動，但是銀行向市場調度資金的利率會立刻上升。雖然賣出價格不變，但是進貨價格卻提高了，所以利潤變小，使收入一下子減少。即使不如此，金融機關也是一籌莫展的時候比較多，透過金融緩和才總算勉強讓金融機關喘口氣。如果，轉而改採金融緊縮政策的話，會有繼續發生陷於經營破產的危險，完全不是能夠承受調漲利率的情況。而且，當時日本銀行和財政部並沒有承擔金融機關經營失敗倒閉的勇氣。

一九九五年調降央行貸款利率的舉動，也是下定決心所作出富有勇氣及決心的措

施。如果摸索調漲央行貸款利率是基於所謂也能克服這種問題的判斷的話，則這種認知就太過於樂觀了，而且其政策的一貫性也令人懷疑。如果，實際和日本銀行的人們談話，會認爲他們是在這時候才開始眞正意識到經濟問題的嚴重性及經濟大蕭條的課題。

※見風轉舵的財政部、厚顏無恥的日本政府

如果日本銀行對經濟的認識是屬於冷淡的話，政府的認識就是完全不關心了。在一九九五年九月八日，日本銀行將央行貸款利率調降爲百分之零點五當天，政府也於同一天提出了包含十四兆日圓的追加補充預算案的大規模景氣振興方案。但是，在提出了該方案之後，財政部的高官將當時的感想敘述如下：「因爲日本銀行不斷表示情況已經相當糟糕了，所以才下定決心採取該措施，但是政府財政所支出的金額實在太龐大了。」由此發言可知，在當時的政府機關並沒有景氣已面臨相當嚴重問題的共通認識。外匯市場日圓走強，日本銀行滿口怨言，政治家也不斷喊話。美國施加壓力並加以指責，因此迫切需要提出經濟對策以度過難關，所以在「實在沒有辦法」的情況下，下定決心提出景氣振興方案。政府在任何時候都不自己負責去作出景氣判斷，只是一味地見風轉舵，

不斷提出頭痛醫頭、腳痛醫腳的暫時性方針而已。

二、受制於經濟蕭條的圈套

※經濟蕭條是什麼呢？

所謂「經濟蕭條」，一言以蔽之就是經濟活動變小的一種變化。生產量減少、消費減少，工作也沒有了。在此過程中，物價會下跌，股價也會下跌，金融隨之不安，就是這種變化的現象。

我們對於這種經濟大蕭條相當無知。在學校有教導關於通貨膨脹。所謂「因爲通貨膨脹的情況會臨到弱者身上，所以絕對非避開不可」這種情況，在所有教科書上都有寫。像是一九七三年爆發的石油危機。OPEC（石油輸出國家組織）因大幅調漲原油價格，使日本物價暴漲，東京都的消費者物價指數，到一九七五年爲止，三年中一口氣上漲了百分之五十。當時，日本全國籠罩在物資不足的威脅下，買不到衛生紙和洗潔劑，

家庭主婦們因買不到東西而受恐怖所驅使，全都蜂擁而至超級市場去搶購。後來，雖然了解到這是由於業者壟斷收購而導致的物價亂象，但是當時混亂的情況還歷歷在目。

的確，通貨膨脹是應該忌諱的，但是，相同地，也應該事先了解經濟蕭條的恐怖及可怕。有關「經濟大蕭條」，除了老年人之外，幾乎所有人都不了解。根據羅加．布托魯表示，雖然到了二十世紀，通貨膨脹成爲較常發生的問題，但是到十九世紀爲止，經濟蕭條的問題比通貨膨脹更常出現。翻開歷史來看，在身邊就有好幾次：爲了解決戰後的通貨膨脹而採取的「道奇方針」（Dodge Line），因而造成的經濟蕭條；再追溯從昭和初年的「昭和恐慌」，甚至到明治時代爲止的西南戰爭，爲了抑制由於戰爭所造成的通貨膨脹，而引發的「松方經濟蕭條」，世界當然是「經濟大恐慌」。

有關於「經濟大恐慌」在第二章也提到過，所以讓我們來看一下「昭和恐慌」當時的情形。從一九二六年（昭和元年）到一九三一年（昭和六年）爲止，GNP減少了百分之十六點七，米價下跌到一半以下，生絲的價格也下跌。接下來，批發物價大幅度下跌了百分之三十五點四，消費者物價則大舉下跌了百分之三十一點九。在此期間，股價也暴跌了百分之五十九，失業率從一九二九年的百分之四點五四，到了一九三一年增加爲百分之六點六八。在經濟活動如此縮小的情況下，物價下跌，股價下跌，失業率增加，除此之外金融機關也相繼破產倒閉，導致了金融不安，每個人都不得不過著節約、殘酷的生活。

稍提一下當時所發生的插曲，在受到最大打擊的東北農村，變得不得不把女兒賣掉以賺取生活費，很多的孩子不帶便當上學。白領階級受到很難找到工作的打擊，高唱著「雖然大學畢業又能如何」的歌曲，民間流行著古賀政男的〈酒是淚，還是嘆息〉這首歌曲。接下來，在社會不安持續升高的過程中，於一九三二年（昭和七年），財政部大臣井上準之助和三井合股公司的團琢磨被右派分子暗殺，在五一五事件中，犬養毅首相遭保守派暗殺，當時的社會是充滿不安、混亂的時代。

※經濟蕭條，兩個管道

經濟大蕭條是透過兩個管道發生。第一則是因爲「泡沫經濟」及「泡沫經濟瓦解」而引發的。因爲「泡沫經濟」而膨脹化的經濟，隨著「泡沫經濟的瓦解」，使需求大舉減少，其結果使人力資源也好，設備也好，都成爲過剩的現象。也就是說，產生了膨脹的

供需差距。企業爲了創造利潤，就需要透過合理化或組織改革，以達到瘦身效果。此外，個人也對未來充滿不安，所以抑制消費，使經濟活動全體朝著縮小的方向前進。

第二個管道是國際性的變動，因世界成爲一個整體的市場而引起。世界成爲地球村的第一個過程，是由於一九八九年冷戰結束而造成的。也就是說，由於從東方陣營政府所主導的「社會主義經濟」轉移爲西方的「市場主義經濟」，使工資、成本便宜的東方各國將其廉價的商品，大量湧進西方各國（市場主義國家）及日本，使得日本的廠商即使透過合理化生產降低價格，但仍不敵舶來品，爲了對抗從社會主義國家進口的比國產品價格還低的產品，所以不得不努力壓低價格。如此一來，透過降價和物價下跌的動態，使經濟朝向使實質經濟成長後退的方向進行。

使世界成爲一個整體市場的第二個過程，是透過情報的技術革新和資金的動態，使經濟融合爲一體。如此一來，經濟變爲國際化，各國之間相互依存度變強之後，因亞洲市場所發生的貨幣危機釀成的亞洲經濟亂象，又轉而影響到全世界，導致貿易及國際金融的混亂。此外，亞洲市場的需要減少，鋼鐵和金屬等原料的市場行情也跟著一起下跌，爲了反映這種變化，使得不只日本，連美國和法國的批發物價也一起下跌。

此外，經濟蕭條的第三個管道，也有人認為是由於最近的情報化及技術革新，使得工資及產品價格被迫下降，這成為經濟大蕭條的壓力，使世界經濟產生構造性變化。這個問題雖然也值得深思及討論，但限於有限的篇幅，在此僅止於喚起讀者的注意而已，不作更深入的探討。

無論如何，日本經濟承受來自國內外兩方面經濟大蕭條的壓力，換句話說，好像面臨到進退維谷的困境。關於經濟大蕭條的第二個管道，我們將在第五章詳細討論，在此我們先來看一看經濟大蕭條的第一個管道。

※端坐症候群

現在，在我們周圍究竟發生了什麼事呢？日本總研的理事長若月三喜雄先生將此稱之為「打扮症候群」。我引用他的創意，將之稱為「端坐症候群」。所謂「端正坐好」，就是使姿勢端正，此意也用於調整生活的方式。首先，政府想盡辦法讓龐大的財政赤字縮小，而打出財政重建的口號，偏向採取緊縮財政。企業也致力於組織改革，一直努力想節省費用。廠商在泡沫經濟時代，大量從事設備投資，增加雇用人員，但是因為泡沫經

濟瓦解使消費變得遲緩，銷售額也減少，如此一來，這些投資及人事費用都成爲沈重的負擔。爲了確保利潤，只能使生產體制的規模縮小，以便和銷售額保持平衡。整理閒置設施，節省人事管銷成本及材料成本，更進一步調整雇用情況。作爲白領階級的薪資人員，薪水既不調漲，而且公司什麼時候會倒閉、自己何時會遭到解雇都不知道。此外，因爲被貸款壓得喘不過氣來，於是變成不購物消費，也不外出旅遊，專心一致儲蓄，以爲不時之需作準備。

個人所作的消費行爲、所過的生活方式都有其道理，也無法指責。但是，這種個體的行爲累積起來就會變成嚴重問題。這就是經濟學裡所謂「合成的錯誤」的典型例子。如果消費者不購物，政府不花錢，則企業就無法賺錢，進而會更加強化企業組織改革的迫切性，也促進抑止工資上漲的趨勢。因爲收入不能增加，消費者日益萎縮，變得不願意購物消費。因爲企業不賺錢，白領階級的薪資人員收入無法增加，所以稅收也無法成長，使國家的財政狀況變得緊張。因此，財政部爲了財政運作，更強化財政緊縮的程度。惡性循環下，使經濟活動朝縮小的方向進行。

另一方面，在金融機關也發生相同的惡性循環。在現在所說的變化過程，如果將企

業換成銀行，銀行內部持續進行組織革新，依照自有資本比率的法規，重新評估融資額度，而發生所謂貸款困難的現象。金融機關本來保有許多股票，股價一旦下跌，就使金融機關的資產減少，融資額度隨之減少，但是如果又發生貸款困難的現象，對實體經濟也有不良影響。因爲如果景氣低迷的話，會更進一步使股價下跌，所以銀行對於融資變得更加愼重，在此情況下，在實體經濟及金融世界裡就會發生「惡魔式的循環」。因爲在金融世界裡，彼此的資金互相融通且相互依存，所以，如果這家銀行有危險，那家銀行也會擔心，以這種形式使不安的連鎖反應蔓延開來，便會釀成金融體系的危機。

經濟蕭條不僅是陷入生產活動縮小、物價下跌的情況，而且會陷入構造性縮小的圈套中，於是惡魔式的循環開始運作。

※山一證券的「轉手」

一九九七年十一月宣告經營失敗破產的山一證券，就是陷入經濟蕭條圈套的典型例子。山一證券經營困難，再加上高達兩千六百億日圓的帳外債務，使該公司不得不宣告破產倒閉。

其原因之一，就是所謂的「轉手」。山一證券保管A公司的資產，A公司將資產委託山一證券去運作，山一證券將之用來買股票和證券作投資，但是事與願違，股票及債券價格下跌，投資造成虧損。通常在受委託的期限內，要將這些有價證券賣完、清算完成，將資金還給A公司。但是，就A公司而言，明明是相信會賺錢才將資金委託給山一公司運作，但是卻虧損得如此厲害，就山一證券公司而言，如果使客戶虧損的話，不僅會被迫停止和該公司的生意，恐怕其他客戶也不來和山一證券公司作生意。因此，將A公司的資金債券賣給B公司，將此筆款項還給A公司。此時股價及債券的價格是以山一證券購買時的價格，所以至少A公司的資金並沒有虧損。但是，因爲賣給B公司的資金包含虧損的部分，所以山一證券用賣出價格完全將其買回來，付給B公司所謂的「弄髒帳簿的錢」作爲手續費之用。接下來，在期限過了之後，再和A公司取得契約延長，並繼續接受A公司委託操作，接手這筆資金。但是，因爲永遠都無法賺錢，所以每次運用資金的期限到了，就不得不重複玩弄這種「投接球」的把戲。這種資金的操作手法，就是「轉手」。

「轉手」的目的是想利用拉長時間的過程，等待股價和債券的價格上漲，如此虧損就

會消失，要是一切順利的話，說不定還可以賺一筆。但是，因爲股價持續下跌，所以虧損擴大，結果，甚至連山一證券的經營都發生問題了。在這種想法的背後，因爲存在著經營者受限於「股市只漲不跌神話」的影響，東京股票市場在戰後幾乎都一直呈現上漲的行情，所以山一證券的經營者無法捨棄股價早晚會回到原點這種想法。但是，實際上在一九九一年末，東京股市加權平均是兩萬三千點，山一證券公司在經營失敗破產之前的加權平均是一萬六千點，所以下跌幅度已高達百分之三十。一九九七年十一月二十七日時，眾議院預算委員會的前任會長行平次雄承認在一九八八年就任爲總經理時，就已經有很多「轉手」的事件，並作證表示於一九九一年末，問題資金額度相當於兩千億日圓，當時的價值約爲五百億至一千億日圓。如果時價爲五百億日圓的話，其所包含的損失就有一千五百億日圓。雖然這已經是一筆龐大金額的損失，但是如果在當時，下定決心將一切過程及問題攤開來，好好償還虧損部分的話，或許可以免除這種破產倒閉的悲慘下場。姑且不論經營首腦的感受及處境，對生活無著落的員工及所有股票都成爲廢紙的股東而言，這眞的是令人感到十分傷心悲慘的事。

※「問題債券」有七十六兆日圓

由於山一證券的經營失敗，幾乎也是所有金融機關所發生的問題。財政部將銀行的放款分爲四大類，確定可以回收的債權爲第一類，回收恐怕會有問題的債權爲第二類，回收有重大問題的債權爲第三類，完全無法回收的債權爲第四類，分類作整理。然而，到目前爲止，銀行將第四類債權的全部及第三類債權的一半左右，估計爲呆帳來償還。

很清楚的是，如此提列呆帳是不夠的。日本銀行於一九九三年到一九九四年爲止所核定的債權，調查其後來的結果（參考**表4-1**），被視爲可以比較放心的第二類債權，在調查的第一年，被追討償還百分之二十七，兩年後達到償還百分之五十二，到了第三年度則達到百分之七十五。此外，即使被視爲回收沒有問題的第一類債權，在三年後償還率達百分之十六。此外，如果看償還率的變化，從第一類債權到第四類債權爲止，這九年之間全部都增加。總而言之，如果想花時間回收債權，只能徒增回收不了的呆帳而已，現實就是如此冷酷。

財政部所發表的根據日本全國銀行自己所核定的「問題債權」，增加到七十六兆日

表4-1　債權的累積償還率

（日本銀行調查）

累積償還率（1993～1994年核定）			
	第一年	第二年	第三年
第一類	1.7%	9.8%	16.7%
第二類	27.4%	52.1%	75.3%

累積償還率的變化		
	9年前	現在
第一類	0.6%	1.2%
第二類	10%	16%
第三類	45%	52%
第四類	90%	99%

圓，根據日本銀行的調查來計算的話，今後還更進一步需要償還九兆日圓到十兆日圓左右。不良債權問題的處理，就好像在剝洋蔥的皮一樣，怎麼剝也剝不到核心似的，清楚顯示處理該問題的困難性。無論如何，在今日已經很清楚地知道「拖延問題的失敗」，雖然爲時已晚，但是金融機關仍以最緊急的速度來進行不良債權的償還。

※只漲不跌的神話就是通貨膨脹的思想

「只漲不跌的神話」，追根究柢可以說就是「通貨膨脹的思想」。因爲經濟活動擴大，物價持續上漲，即使借錢反正早晚收入會增加就能償還借款，而且股價有一天也會上漲，所以只要忍耐續抱的話就沒問題。但是，經濟蕭條的變化是和此完全相反的動態。因爲經濟活動縮小，物價下跌，所以負債的人變得很辛苦。也就是說，明明名義上的收入減少，

但是借款的債務卻依照目前的情況持續下去。再加上股價下跌，如果持有虧損的股票的話，則更加大其傷害。倘若股價下跌，就認賠賣出，下定決心把股票處分掉，再重新投資有潛力的股票，市場相關業者所謂的「停損」態度是不可或缺的。這不僅是金融有關的課題，也是企業經營所面臨相同的課題。

本來股市行情就是起起落落，持續上漲或一直下跌是例外的情形。但是，日本經濟在戰後，因爲已經完全習慣於「只漲不跌的神話」，所以忘記了交易的原點。然而，因爲泡沫經濟瓦解，使世人沒有注意到世界已從通貨膨脹的時代轉爲經濟蕭條的時代了，或者說，雖然注意到這種變化，但依舊無法忘懷過去的美夢。

※增加的個人破產

「泡沫經濟的瓦解」也給一般民眾帶來很大的打擊。放眼一般在都會工作的白領階級的生涯規劃，如果在三十幾歲時，房子即使窄一點，離上班地點遠一點，也可以忍耐，首先依照自己的能力範圍買公寓，之後到了四十到五十歲左右，才把這公寓賣掉，改換買獨棟建築，或者換更寬敞、更舒適的高級公寓。因爲在首買公寓時預期在改換更大房子時，房價會漲，所以估計能獲得房子漲價後的利差。

但是，現實並非如此樂觀。倘若房價不漲也不跌橫向盤整還算好，一旦房價持續下跌，根本不是換大房子的好時機。順便說明一下，根據日債銀集團的九段經濟研究所調查表示，購買首都圈部分出售的公寓的人當中，因受泡沫經濟瓦解的影響而被視爲有損失的人，佔全體的百分之三十二，平均一戶的損失達一千三百六十萬日圓，損失最大的是於一九〇九年購房的人們，當時買進價格爲六千一百二十三萬日圓的房子，甚至跌到只剩下半價，損失三千零一十二萬日圓。

而且，薪資並沒有上漲，年終獎金還持續減少，在此情況下，爲了還房屋貸款，使人的生活變得很緊張。住宅金融公庫於一九九七年末，決定將所謂「寬裕償還」的期限延長十年。「寬裕償還」是採前五年的還債金額減少，而改從第六年之後快速增加償還金額的制度，雖然聽起來可以減輕開始購屋的負擔，好像很好，但卻是鼓勵人民努力借錢買房子的政策。其前提是「泡沫經濟」瓦解了，爲了預防有更多的人陷入無力償還貸款才採取這一措施。據保險公司的業務員表示，解除生命保險契約也並非因爲基於金融不安，而是爲了每個月生活費的支出，無力支付保險費，這種例子也很多。

超過自己能力作過大投資的人，終於被迫落到個人破產的命運。個人破產的件數從泡沫經濟瓦解之後的一九九二年開始急速增加，到了一九九六年，甚至增加爲五萬六千五百件之多。然而於一九九七年一月開始到十月爲止，其累積的件數就高達五萬七千六百件，已經比前年一整年的件數還多，直逼七萬大關。而且，最近由於企業破產倒閉及組織合理化改革，使收入減少，無力償還房貸的中高年人有明顯增加的趨勢。

就連稅金也受「泡沫經濟瓦解」的影響，遺產稅增加了以物品及實物繳稅的情況。根據國稅局的調查表示，在一九九五年度有八千六百二十七件以實物繳稅，金額高達七千九百億日圓，和開始這總計兩年前的一九九三年度相比較，以件數來統計增加了百分之四十七，金額也增加了百分之二十七。如果是在泡沫經濟瓦解之前從父親繼承土地的話，即使賣掉一部分土地也能支付稅金，但是泡沫經濟瓦解後，一方面地價一直下跌，幾乎沒有好的交易，土地賣不出去，也無法換成現金，只好以實物來付稅金。

在松方經濟大蕭條時也發生相同的事。在明治十五年（一八八一年）十二月十六日的《朝野新聞》，刊載「因米價下跌無法上繳地租，請求以米穀代付地租」的標題，在當時是以米來支付稅金。經濟大蕭條不只造成景氣衰退和失業增加，還透過各種方式，悄悄地對我們的生活造成影響。

※重複政策的失敗

對這種經濟蕭條的理解，說得更實在些，如果能正確理解泡沫經濟瓦解的意義的話，政府所作的措施及因應也會不同吧？所謂泡沫經濟瓦解的原因姑且不提，日本銀行在泡沫經濟瓦解後也不採取金融緩和措施，結果對景氣有過多限制，使經濟失控。日本銀行繼續被批評爲釀成泡沫經濟的罪魁禍首。筆者認爲政府的責任更大，只指責日本銀行爲泡沫經濟的元兇，有些不中肯，但是無論如何，日本銀行是否有意識到這種批判，情願因泡沫經濟瓦解使得景氣低迷，也極端不願意採取金融緩和的措施，結果耽誤了調降利率的時機，加深了景氣衰退的情況。那是「一朝被蛇咬，十年怕草繩」。當時，大眾傳播媒體不斷報導使泡沫經濟穩定下來才是日本銀行當務之急，這樣的報導充斥整個社會，在這種氣氛下，日本銀行要提出適當的對策也許的確是很困難的。但是，如果日本銀行對於經濟蕭條更有防備、更謹愼的話，應該能夠毅然地採取金融緩和政策。

此外，政府也對全部狀況作出錯誤判斷，使政策慢半拍。從泡沫經濟瓦解之後，經

濟界和經濟學者雖然表示了對景氣衰退的擔心，但是政府到一九九二年春天以前，還不願意公開承認經濟在走向不景氣。實質成長率在一九九〇年度及一九九一年度的確因泡沫經濟的餘溫猶存，仍有相當高的水準，但是最遲在一九九一年秋天，財政部已經得知日本經濟急速惡化，造成龐大的稅收不足現象。當時政府所整理的一九九二年度經濟預測爲百分之三點五的成長率，結果實際上只達到百分之零點四，幾乎是零成長，而估計的數據卻高得離譜。然而，政府於一九九三年十一月，終於發表了泡沫經濟的景氣在兩年前的一九九一年二月即告結束。政府當局雖然知道景氣衰退的事實，卻持續表示日本經濟很穩健，而不採取任何措施，加深了傷害。更進一步，如同在第三章所詳細討論到的，於一九九七年又再度犯下「一九三七年」的錯誤。

人非聖賢，孰能無過，但即使不得已造成失敗，也不能犯同樣的錯誤，日本政府重蹈覆轍，究竟是怎麼了呢？政府太過疏忽呢？還是過於無能呢？政府該被嚴厲地追究其政策失敗的責任。

※日本的政府是美國嗎？

可惜的是，爲日本的經濟政策決定方向，以免走到錯誤路途的，永遠都是美國。在日幣升值的不景氣時候，政府因迫於「外來壓力」，勉強答應對國內實施擴大內需及頑強地要求金融緩和的政策。在泡沫經濟瓦解後，日本經濟面臨了兩次重大的危機。第一次危機是在一九九五年日圓升值時，日本將央行貸款利率調降到歷史上最低的百分之零點五，同時採取了規模十四兆日圓的景氣振興對策，美國爲了保證進口而約定將誘導日圓貶值。日圓外匯市場的行情，從當時一美元兌換八十日圓的最高點，轉爲美元走強、日圓走貶，使日本經濟能逃離日本銀行所謂的「經濟蕭條的螺旋」。

泡沫經濟瓦解後的第二次危機，不必多說，當然就是這次的金融不穩定。因爲全世界股價同時下跌，國際金融世界不安定，在此情況下，日本金融體系也連帶不安起來。在國外市場，銀行如果不提出比市場利率高出百分之零點五到百分之一的條件，甚至就會落到調度不到資金的下場，產生了所謂「日本溢價」的現象。當然，以這麼高的利率調度資金的話十分不合算，因此也無法成交，致使日本國內多數的銀行暫時陷入停止活

動的麻痺狀態。

在這種情況下，於一九九七年十一月所召開的APEC（亞太經合會議）首腦會議中，美國總統柯林頓及財政部的副部長撒瑪斯，對大眾傳播媒體再三提及「日本經濟並非如同世人所擔心般的脆弱」，企圖使事情平靜下來。當時參加該會議的日本相關人士，表達了如下的感想：「柯林頓總統好像日本的首相。」柯林頓總統在當時所召開的日美高峰會議中，對日本的橋本龍太郎首相嚴格要求早期實施「金融系統的改革、擴大內需以促使景氣回升、放寬限制」等三大政策。柯林頓總統甚至要求日本認眞考慮所得稅減稅措施，對於此項要求，橋本龍太郎首相雖然堅定予以拒絕，但是在一個月後的十二月，因爲金融不穩定而陷入一片悲慘中，不得不採取實施兩兆日圓的特別減稅方案。

來自美國的一連串壓力，雖然出發點不是爲日本的利益著想，而是基於美國自己的利益，但是美國政府比起日本政府更加了解日本的經濟情況，僅就此而言，日本國民或許應該感謝美國政府，向美國政府繳納稅金比較好。

※從歷史吸取經驗的美國

和日本政府的怠慢相比，美國政府基本上比較忠實、認眞地以歷史爲借鏡，從中學到教訓，而將之活用於政策上，採取眞正正統的因應之道。在一九八七年美國紐約股市狂跌，即所謂的黑色星期一時，中央銀行向市場提供大額資金，以去除信用不安的危機，而且於一九九〇年初所發生的小規模金融機關S&L（儲蓄放款合作社）經營失敗破產時，使用公共資金，在短期內把問題處理好。這些作爲全都是基於經濟大恐慌時反省之後的結果。至少對美國政府而言，經濟大恐慌不只是死的歷史，而是活生生的經驗，當然會在腦海中不斷意識到「經濟大蕭條」的存在。因此，我們決定回顧一下，在經濟大恐慌時，美國人是怎樣看待並因應「經濟大蕭條」的呢？

三、美國對經濟蕭條的因應

※羅斯福是調整通貨膨脹論者

在經濟大恐慌時，人們對於「經濟蕭條」抱持怎樣的看法呢？羅斯福總統基本上是一位財政均衡主義者，在就任爲總統之後，就採取了胡佛總統所作不到的強硬財政緊縮政策。政府經費削減，再加上因「銀行假期」而使銀行關閉的時期，凍結了個人存款中的四十億美元資金，造成提不出存款的情況。更進一步，廢止了禁酒法，對於合法的酒類課徵稅金。但是，羅斯福總統並不是無視於經濟蕭條，在他就任爲美國總統之後兩個星期左右，就給朋友寫了如下的一封信：「我也清楚知道，到目前爲止，實際上正是要下工夫解決經濟蕭條的問題更甚於通貨膨脹問題的時候。雖然朝通貨膨脹進展，但這完全是不可避免的趨勢，所以，我在銀行界工作的朋友們，或許會感到相當震驚，即使現在，我也在追求以不增加政府負債爲全面性基礎的通貨膨脹。」

總而言之，羅斯福總統是一種屬於調整通貨膨脹論者。但是，因爲無法逃脫財政均衡主義的束縛，所以，勢必會採取從金融面著手的方法及手段。於一九三三年，提出了限制農作物的播種面積、抑制生產，以促使農作物販賣價格上升的農場法。雖然這個法案本身是反財政緊縮的政策，但是耶魯馬．湯姆斯上議院議員針對此法案，向總統提出要求積極採取通貨膨脹措施的法案。羅斯福總統以總統得享有定奪、決定權爲條件，接受了這項要求。在這個湯姆斯修正條款裡，承認將金和銀視爲正幣，承認總統有發行紙幣的權限，此外還改變美金的含金量組合。預算局長路易斯．道格拉斯針對此高聲疾呼：「西洋文明也將因此結束。」但就羅斯福總統而言，則是依照其理想進行。

※在財政因應方面是消極的

於接受了湯姆斯修正案的隔日，四月十九日，羅斯福總統發表了脫離黃金本位制度。一旦變得沒有和黃金交換的義務之後，美元就能夠貶值，在貿易方面也具有競爭力。總統認爲，如此一來國內物價將會上漲。雖然這項措施招致了保守派的反彈，但出乎意料的是，對羅斯福總統的新政抱持懷疑態度的摩根商會卻表示支持，摩根商會的拉

西爾・雷菲因古威爾向羅斯福總統致函表示：「將我國從完全毀滅的情況下解救出來了。這是十分必要的措施，而且閣下爲我們所作出各種有益的事情中，這是最重要的一項。」

羅斯福總統於脫離黃金本位制度之後，接下來所採行的政策是藉由買進黃金一途，而想使美元貶值。如果黃金的價格上漲的話，商品價格也會上漲，就可能造成通貨膨脹。政府向人民收購黃金的措施遭到十分強烈的批判，凱因斯嚴厲表示：「好像看到了醉醺醺的黃金本位制度。」《羅斯福》一書的作者路古丁柏格也批評道：「這是羅斯福所犯下錯誤構想中，最嚴重的錯誤之一。」如果用向人民收購黃金的錢來促進公共事業的話，或許比較好，而且，爲此浪費了許多寶貴的時間。但是，無論如何，作爲財政緊縮政策而言，在脫離黃金本位制之後，購入黃金對於美元貶值是極爲重要的，而且至少藉此能「有助於抑制經濟蕭條的趨勢」。

作爲通貨緊縮政策，藉由財政方面的因應，或是促使人們增加購買力，或是促進人民投資，雖然有這些策略，但是羅斯福總統在這方面的對應，至今一樣是消極的。

好像在經濟大恐慌時期，再多的財政赤字也不怕。羅斯福總統一直拘泥於財政均衡，於一九三七年導致了「經濟大恐慌中的恐慌」。結果，羅斯福雖然是反經濟蕭條主義者，但卻無法克服經濟蕭條。我們將在第六章重新討論有關羅斯福拘泥的財政均衡主義。

四、重複的愚行

※重複的「泡沫經濟」

讀過了卡魯費斯所著的《泡沫經濟的故事》（原書名為《金融陶醉的歷史》），或者是金朵伯格所著的《金融恐慌是否會再度到來》（原書名為《狂熱，經濟恐慌，然後瓦解》），驚訝地發現，人類的歷史就是「泡沫經濟」和「泡沫經濟瓦解」的重複進行，所謂人類，眞的是不明智。根據由金朵伯格所作的分析，將過去這種愚行，摘要為以下的形態。首先，先有投機熱潮，接下來好像火上添油一般，造成通貨、信用創造的膨脹，在此期間，騙子找空隙想大撈一筆而大行其道。不久之後，由於金融緊縮使這種投機風

面臨決定性的階段而失敗，這種風潮蔓延到全世界，造成全世界混亂。然而，政府當局不是束手無策，任事情自然演變下去，就是企圖介入解決此一問題，但無法順利解決。此時，如果最後的債主出現，不給國際金融秩序的話，則會導致像經濟大恐慌一樣悲慘的結果。

※對金融業的蔑視

我們雖然能做好把產品製作出來，再將產品推銷出去的事，但是有關金錢方面，則是無論如何也很難處理。雖然錢的確是方便而且寶貴的物品，但是金錢有很多情況是用來炫耀的，而且處理金錢的人，的確顯得令人懷疑。在經濟大恐慌時，美國人對於金融有這樣的看法：「在股票市場狂跌時，華爾街的人們立刻就理解了這個問題其實很大。因此，他們感覺到有必要盡量讓多數有影響力的人再三發表諸如事情並沒有擔心的必要等言論。股票市場就好像泡沫般的東西，經濟的精髓在於生產、雇用和支出。然而，不斷強力重複主張生產、雇用及支出一點也不受股市動態影響的想法。」（卡魯費斯所著《經濟大恐慌》一書）

從這段記述裡，可以清楚得知當時人們的想法。第一，雖然感覺到眞的發生了很嚴重的情況，但是，不知是不了解問題的本質，還是不願意承認事實，而無視於問題的存在。第二，因爲基於金融部門可能和實體經濟分開來考慮的這種幻想，其想法的根基是金融業不如製造業。

在景氣最好的一九二五年，已經憂慮股票市場的投機熱潮，在胡佛總統的自傳及羅斯福總統的自傳中，提及「因股票市場所引發的犯罪，比起被世人所痛批的殺人罪都還要更惡質」，可以看出對金融業的蔑視。在羅斯福就任爲總統的就職演說，提到如下的看法：「錢莊被放逐於我們文明的神聖寶座之外。現在可一定要重建延續古代眞理所完成的神聖場所。」

※該死商人的印象

隨著經濟活動的擴大，財富的累積，金融所扮演的角色變得更形重要。在第一次世界大戰期間，美國繼續累積其龐大的貿易出超，而成爲世界最大的債權國。到一九二四年爲止，美國保有世界貨幣公款（Monetary gold）的百分之四十。以如此雄厚資產的累積

爲背景，使美國的海外投資也變得很活潑，到一九二九年爲止，美國的海外資產達到兩百一十億美元，該年度的海外投資也使美國的GNP增加了百分之二十。在美國經濟中，金融部門所扮演的角色雖然變得如此重要，但是並沒有認識到其重要性，金融體系依然還是相當貧弱。然而，在經濟大恐慌最嚴重時，金融業者被當作是造成社會混亂的罪魁禍首，而受到議會及社會嚴厲地追究責任及譴責，金融業者因這問題而成了犧牲者。

在這種背景下，世人對於透過第一次世界大戰而成爲有影響力的金融業者，所持有的印象是利用戰爭而發財的人，進一步是引發戰爭的陰謀家，也就是說所謂該死的商人這種看法在民間流傳開來。所以要冷靜地把金融當作企業，當作經濟的重要工作來接受，是十分困難的。

※想把金融從實體經濟分開的愚蠢想法

本來經濟蕭條就是由於泡沫經濟及泡沫經濟瓦解所引起的現象，所以有必要稍微先認眞思考一下泡沫經濟是什麼東西。然而，大家都知道金融是泡沫經濟的重要角色。但是，我們的政府忽略這點，和經濟大恐慌時候的人們一樣，被「金融部門可以和實體經濟分開來考慮」這種幻想所迷惑。東京股票市場的股價，於一九八九年末創下歷史新高之後，於一九九〇年年初開始暴跌，但是政府仍然繼續主張：「實體經濟情況很穩健，股票市場的混亂只不過是局部性的問題，對景氣不會有不良影響。」這種議論完全沒有意義。

野村綜合研究所的理查．庫指出，此時台灣的股市也和日本一樣暴跌。台灣的股票市場於一九九〇年二月，創下一萬兩千四百一十七點的歷史新高記錄之後，開始暴跌，到了該年度十月，跌到只剩下兩千六百二十點，只有巔峰時的五分之一。雖然之後股市仍繼續低迷，但是台灣的經濟並沒有陷入不景氣的局面。其理由乃是因爲，在台灣只有所謂的投機分子參與股票市場的買賣。對他們而言，股票只不過是投機對象之一，和賽馬或者賭錢是一樣的。因此，即使股票投資人個人蒙受股市下跌所帶來的影響，但是被害也僅止於此而已，即使股票市場崩盤，對實體經濟也沒有任何不良影響。

但是，日本的情況和台灣完全不同。在日本，不僅個人，有很多企業也都捲入這場投機熱潮、泡沫經濟的風暴之中。企業不僅投入過剩的資金，甚至還積極向金融機關借錢，將資金投注於股票市場。結果，企業因股票大幅下跌而產生龐大損失，或者慘遭套

牢。日本負責實體經濟的製造業也捲進了這場股票投機熱，甚至可以說是投機的主體。

接下來，在不動產買賣事業也發生了相同的問題。根據野口悠紀雄的分析（《泡沫經濟的經濟學》），從一九八五年到一九九〇年，購買土地的總額增加到七十點四兆日圓，其中土地最大的購買者是不動產業者，購買總額佔百分之四十，幾乎都是靠貸款來投資的。同樣地，購入多額不動產的批發商、零售業、製造業、服務業也一樣，多半靠借錢貸款來從事土地投資，結果不分金融業或實業，大家都捲進這場泡沫經濟的風暴中。因此，所謂股票市場的崩盤對實體經濟沒有產生影響這種議論，簡直就是無稽之談。

何況，這些企業的經營並不穩固，本來就有問題，所以因泡沫經濟瓦解而變得東倒西歪。下面這段敘述和經濟大恐慌正好恰恰相符。「如果企業基本上從事健全的經營的話，縱使股票市場大幅下跌，也有辦法不受其影響。股市暴跌正好呈現出一九二〇年代繁榮下所隱藏的脆弱。」

※愚蠢的日本行員

美國的情況也和日本一樣，對金融機關的評價不好。雖然金融機關的薪水高，在優秀的總行任職，一副威風神氣的樣子，但多少包含情緒上的抱怨。此外，也很難想像銀行工作本業的不合理程度，若根據十分有經驗的資深行員表示，在泡沫經濟之前，沒有以土地爲擔保的融資、貸款要綜合地來判斷其經營者的能力、人格，及該公司的業績。但是，有一天，突然，借方的資產（即擁有多少的不動產）成爲融資時判斷的根據。這不關乎審查能力的問題，因泡沫經濟瓦解而使地價下跌，所以基於不動產爲融資判斷標準的情況，馬上就發生問題。

如果行員也不知道擔保保全的方法的話，甚至無法作出任何努力，使這筆資金得以順利回收。在泡沫經濟瓦解之後，暴力團迅速介入這個世界。舉例而言，有這種手段：以土地爲擔保而向銀行借錢的人，因陷入僵局而無法將錢還給銀行。這時，作爲擔保物件的土地，就歸銀行所有。但是銀行即使想把土地賣掉也無法成交，所以就把土地放著不管。如此一來，在不知不覺間，暴力團體就進入這塊土地，蓋了預先蓋的建築物，變成該土地的相關人士，在此進進出出。銀行即使想把這塊土地賣掉，但因爲待在這塊土地賴著不走的人們拒絕搬遷，並主張其具有使用權，所以銀行無法處理這塊土地。在支付給暴力團體不合理的搬遷費用後，土地終於又歸銀行所有。據說，這種事已經是家常

便飯了。每個月都要請人出去調查作爲擔保物件的不動產是否有異常的情況發生，每次都要拍照存證，在第三者作證的情況下確認土地現狀沒有變更。也就是說，所謂保全財產就是這麼回事。但是，日本的銀行行員，既沒有融資的資金無法回收的經驗，也不知道一旦作爲擔保的物品發生情況該如何處理。

過去我和代表東北地區的地方銀行首腦人物碰面時，他們發表了如下的談話，令我十分驚訝。「我們雖然也把錢貸給新時代的投機企業，但是究竟哪一家企業會成功，哪一家企業不會賺錢，卻絲毫沒有一點頭緒。政府如果能夠成立一個機構專門評等這些企業的話，那就太好了。」這和之前所提及的擔保融資內容是相同性質的事。所謂金融，就是富有風險的工作，如果是對政府評價所認可的企業融資的話，這工作誰不會做？本來工作就不是如此簡單，就是要能找出具有開拓能力的人才及企業。如果放棄了這種使命的話，不幹銀行的工作也無妨。凡事都是這種作法，所以銀行在泡沫經濟時，即使重複犯下愚昧的錯誤，也不令人覺得不可思議，事實上銀行也不知道該如何是好。

※全靠銀行的日本經濟

觀察日本經濟的未來時，有必要思考主要課題的金融體系或者金融機關的問題是否能夠僅局限於金融的世界。其答案當然是否定的。有不少人認爲，因爲製造業很穩健，所以日本經濟沒有擔心的必要。這種想法也是基於金融和實體經濟可以分開的前提而產生的。因爲金融是經濟的血液，所以如果血液無法確實流出的話，身體當然沒有活力，而體內持續流著污濁的血液的話，只能使病情惡化。肌肉部分的實體經濟的確就是那麼穩健，擁有某些實力，但是也不能永遠如此瞞騙下去。體型胖胖的表面即使看來似乎很健康，但是如果內部動脈硬化持續惡化的話，會因心肌梗塞而致命的。

一九九七年後，中堅的大型建築公司，諸如東海興業、多田建設、大都工業等公司相繼經營失敗而倒閉，到了年末，連東食這家中堅的食品商社也倒閉。這些企業的倒閉，全都是被金融機關放棄的結果。在這之前，金融機關不僅對大型的建設公司，進行高額的融資，而且連必要的周轉資金也都給予貸款，但能夠支援到什麼程度，就得視自己的體力而定。換言之，公司的生殺大權完全掌握在金融機關的手上。另一方面，因爲金融機關的體力日益衰微，所以也停止金援大的建設公司。

在泡沫經濟瓦解後，股價有三度要跌破一萬五千點大關。市場有三次觸底。根據日興調查中心表示，於一九九二年八月第一次觸底時，有二十家大規模的銀行，股價就算跌到一萬兩千點大關，仍有帳面利潤。但是，之後，爲了會計年度結算要出現利潤，而把之前買的股票賣掉以求獲利了結。結果，在一九九五年七月第二次觸底時，反彈到一萬四千五百點。總之，經濟的體力已經那麼衰弱了。然而，在一九九七年年底第三次觸底時，終於到了一萬五千點，之前的利潤完全吐出來了。甚至體質較差的銀行，在一萬七千點左右，就已沒有任何帳面利潤可言了。雖然說日本經濟全靠銀行，但是銀行也已經自身難保了。

※窮途末路的日本經濟

在一九九六年底，建設業全體的貸款金額高達三十兆七千億日圓之多，佔了非製造業全體融資的百分之十。其中心就是所謂的大型建設公司。這種大型建設公司的經營內容也很悲慘。根據美國方面證券公司的證券分析師表示，甚至有三家大型建設公司的利潤不夠支付借款的利息。總之，爲了要繼續支付這筆貸款的利息，就必須再去借錢來還，如此一來當然會形成滾雪球的效應，使貸款愈貸愈多。另一方面，如果看其工作的內容，因爲民間企業競爭激烈，所以犧牲血本接受訂單而造成虧損，以有利潤的官方公共工程塡平這部分的虧損，勉強能生存下去。但是，在財政重整口號下，大規模刪減預算，大幅減少公共事業，所以建設業界眞的有可能從冬眠時代回到冰河時期。

此外，在建設業界，大型建設公司向其關係企業及承包商、子公司作企業貸款的債務保證，包含這部分在內的實質借款，使債務膨脹爲更龐大的金額。根據建設經濟研究所的調查表示，有幾家上市公司的借款和債務，甚至還高達十二兆日圓。因此，如果大型建設公司經營失敗破產的話，不僅會徹底直接衝擊到關係企業的經營和員工的雇用問題，也會影響到大額融資給建設公司的主要銀行的經營。有可能因此再度引發金融不安。如此一來，大型建設公司在目前則成爲日本經濟的火藥庫。

不只是建設業因債務問題加上競爭激烈而一籌莫展，其他業界也面臨相同問題。商社及流通業界也背負巨額債務，換句話說就是和金融機關休戚與共。如果這樣看來的話，就可得知把金融和實體經濟分開來考慮的想法是多麼愚蠢。金融問題才是日本經濟

根本問題之所在。然而，金融機關在這次經濟蕭條的風暴中差點就滅頂，企業也被捲入這場風暴之中。

第5章 擔心始於亞洲的經濟大蕭條

一、世界性的泡沫經濟

※亞洲使世界經濟發生動搖

在本章將探討經濟大蕭條的第二個管道，也就是有關透過國際性的變動而產生經濟蕭條的壓力。雖然經濟已經早就所謂國際化了，但是，由於這次亞洲金融風暴的發生，才首度讓我們得知這國際化的程度。例如在一九八七年，由於紐約股市大跌而發生所謂的黑色星期一也好、一九九五年由於墨西哥危機而引發的美元急貶也好，引發問題的震央，永遠都是美國這個大國。就是所謂「美國打噴嚏，世界都感冒」的類型。但是，這次國際金融局勢的混亂，其震央不是美國大國，而是亞洲，於一九九七年十月，全球股市同步下挫是彈丸之地的香港使先進國家受影響，好像是得了「香港感冒症」。現在則是亞洲使世界經濟發生動搖，甚至有可能造成始於亞洲的經濟大蕭條、全世界經濟蕭條。

其理由，第一是因為世界經濟之間相互依存的關係比以前更強，第二是因為亞洲具

有影響力。世界經濟從一九八五年到一九九五年爲止，名義上的GDP增加爲二點二倍，其中屬亞洲的成長最爲顯著，在一九八五年當時，包括日本在內的亞洲各國，其GDP不過只佔全世界的百分之十九而已，但是現在則佔百分之二十七點九，超越美國，甚至與歐洲不相上下。那麼，爲什麼經濟的結合會變得這麼強呢？

※世界性的泡沫經濟

這次所謂「全球股市同步下挫」的現象，一言以蔽之，就是「世界性的泡沫經濟及其瓦解」。其原因，一是由於美國經濟復活，結果發生世界性資金過剩現象，此外由於冷戰的結束，使過去社會主義各國的廉價勞動力及廉價商品流進了世界，造成通貨緊縮的情況。在通貨緊縮時，資金不會流向物品，轉而流入股票或者不動產等資產。如此一來，資金流進了世界各國。

亞洲的情況，例如中國的外債於一九九二年時爲八百五十億美元，四年後（一九九六年）則成爲一千三百八十億美元，成長爲一點六倍，韓國的情形則成長爲一點八倍變成九百億美元，接下來泰國則一舉成長爲二點三倍，變成八百八十億美元。如此一來因

流入的資金造成了泡沫經濟，不久之後泡沫經濟終於瓦解了。那麼，到底亞洲發生了什麼事呢？

※泰國的泡沫經濟

在成為金融風暴開端的泰國，和其經濟實力相較之下，泰銖的匯率稍嫌太高，所以在一九九六年夏天匯率從高峰開始逐漸走貶，到了一九九七年夏天，外幣投機客一起拋售泰銖。泰銖對美元的匯率行情，事實上採固定制，所以在之前一直都維持在一美元兌換二十五到二十六泰銖上下盤整的穩定行情，但是到了八月二十日，一美元變成兌換三十二泰銖，大幅下跌了近百分之三十。這是因為從一九九六年開始出口比前年減少，所以認為泰國未來的經濟不安定，而擴大對外幣資金周轉的擔憂。在此情況下，泰國於八月十三日以促進經濟改革為條件，從IMF（國際貨幣基金）及日本獲得一百七十二億美元的緊急融資，度過了當時的危機。

泰國從一九六〇年代開始，經濟構造從之前的農業主體轉換為工業主體，尤其是於八〇年代後半開始積極輸入外幣，用心培育出口產業。於一九九三年成立了對外市場，

加速了外資的引進。因爲，對外市場成本低廉、規制較少，所以泰國的企業透過這市場而導入外幣，將外幣換成泰銖在國內進行投資。日本的銀行也使其加速這種變化。因爲泰國政府給外國的銀行許可證，表示重視過去融資餘額的方針，所以日本銀行就受此政策的吸引，增加對泰國的融資。如此一來，泰國的外債從一九九三年左右開始急速增加，尤其是民間的借款額度從一九九三年末的三百二十億美元，到了一九九七年六月底，增加爲將近七百億美元，在不到四年的時間，增加了一倍。

泰國經濟的實質成長率從一九八八年開始連續三年創下了兩位數的成長率，之後也持續維持百分之八的成長率，一九九六年每人平均的GDP則超過了三千美元。三千美元如果從日本的ODA（政府開發援助）標準來看，除了環境條件外，已經是到了可以獨立的階段，不再是日本政府借款援助的對象了。順便說明一下，日本是於七〇年代中期，達到平均每人GDP超過三千美元的水準。

筆者於一九九六年夏天訪問泰國時，本田的現地法人以「喜美」（Civic）爲基礎，上市了功能較少但相對價格便宜的「城市」（City），價格爲三十七至五十四萬泰銖，因爲進口的「喜美」也需要五十八至七十萬泰銖，所以約只有喜美車三分之二的價格。四十萬泰銖約折合一百六十萬日幣，這價格對於泰國人而言也絕非便宜，但是因爲泰國人無論如何總想得到令人嚮往的日本車，所以該產品相當受歡迎。一九九七年，豐田汽車也在泰國開始現地生產、銷售同一類型的車「索羅那」。所謂「亞洲車」正式登場。泰國人相當自豪地表示：「亞洲車的登場意味著出現了購買得起這種車的階層。在我們的國家終於也出現了中產階級。」

但是，在這富裕繁華的外表下，其實泰國的經濟是脆弱的。從海外流入的資金並不只是運用於正當的經濟活動。和日本情況一樣，這些流入的資金也導致了購置不動產及大樓建設的熱潮，而產生了泡沫經濟。泡沫經濟不久就破裂，融資當中也有很多來歷不明的項目，所以金融機關就有高額的不良債權。

在泰國有不同於商業銀行的銀行機構，平民透過此機構借到日常生活所需要的錢。但因爲經營的基礎脆弱，所以在泡沫經濟瓦解的衝擊下，政府關閉了九十一家中的五十六家，使民眾的生活很早就受到了影響。一九九七年秋天，日本政府預測，泰國的不良債權總額達一兆泰銖（約兩百七十億美元），一九九六年的GDP爲一千八百二十億美元，所以不良債權高達GDP的百分之十五。日本財政部所發表的一九九七年九月期的不良債權爲二十八兆日圓，佔GDP的百分之五，可知二者相比之下，相差十分懸殊。爲了克服這個問題，需要花相當多的時間，這也是此後泰國人民所必須認眞面對的課題。

亞洲的動態和過去的日本很相似。經濟構造從農業轉換爲輕工業、重工業，更進一步轉型爲高科技產業，GDP也快速增加。在東南亞各國當中，泰國雖然被認爲是踩著最穩健的步伐一路走過來，而且事實上日本很多廠商進入泰國，也基於培育中小企業的心態，努力擴展產業的領域，但是結果也陷入了泡沫經濟的圈套裡。

像這次面臨的問題是外幣資金周轉困難，這也是日本在一九六〇年代所面臨的課題。因爲所謂「國際收支的最高點」，景氣變強而增加進口，使國際收支變爲赤字，沒有辦法，才使景氣踩煞車以求收支平衡，周而復始地重複這種循環。當時，借錢給像日本這種開發中國家的是國際機構，於一九六四年通車的東海道新幹線也是向世界銀行融資才完成的。另一方面，政府爲了保護國內產業，嚴格實行資本限制，以抑制資金從海外進入本國市場，以培育國內產業。結果，在沒有資金的情況下，靠自己的力量而走出自己的路來，沒有陷入像今日亞洲般混亂的局勢。日本過去雖有相當輝煌的經濟成長，但是仔細觀察，日本的成長是像「烏龜」一樣緩慢，和日本相比之下，亞洲的經濟成長步伐就像是「兔子」般地快跑。

※香港的泡沫經濟

香港也和泰國一樣，發生了嚴重的泡沫經濟。因一九九七年七月一日，香港將回歸中國，所以發生了嚴重的泡沫經濟，股價也好，地價也好，從年初到七月香港回歸中國爲止，均大幅度上漲了百分之四十。其上漲的原動力也是由於外國的投資。歐美的資金、華僑的資金，甚至於來自中國的資金都流進香港，以造成股市及土地市場如此景氣蓬勃的局面。中國政府以很堅決的意志表示：「香港回歸中國之後，香港經濟如果產生不穩定情況，也會使國家的威信受到影響。」所以市場上彌漫著一股樂觀論的看法。

但是，因此發生了太過於樂觀的缺點。由於香港股市的崩盤，其他國家也一樣發生了金融危機。一九九七年十月二十三日，香港的貨幣當局爲了防止投機客拋售港幣，在銀行之間的交易市場上，隔天的利率上漲了百分之三百。投機客並非只以自己的資金從事投機，舉例而言，先賣空港幣，之後在港幣下跌時再買回港幣，以賺取中間的差額利潤，但是需要向銀行借入交易時所必要的資金。因此，如果向銀行借錢需要多出百分之

三百的利率，本利合計共須還給銀行四倍的錢，利息如此高，投機的操作就變得不合算了。由於這項措施也使得其他市場利率上漲，房屋貸款利率或者針對優良企業的優惠貸款利率也都應聲上揚，在明知會有這些副作用的情況下，還採取這種措施，可知貨幣當局的態度是多麼堅決了。事實上，當時投機客的規模超越了政府當局，之後市場回到了小康狀態。

即使如此，難道就沒有發生泡沫經濟嗎？**圖5-1**顯示出最近香港股市的股價指數和經濟大恐慌時的紐約市場股價指數重疊，二者的動態簡直一模一樣。之前也提到過，經濟大恐慌時的股價指數和泡沫經濟時的東京市場股價指數及黑色星期一，和最近的紐約股市動態十分類似，但是連香港也如此相似，甚至會令人想到泡沫經濟的股價指數簡直有公式存在。

※紐約的泡沫經濟

一九九七年秋天，全球股市同步下跌，將紐約股市所擁有的弱點及問題暴露出來。

美國經濟本身雖然絕對不是泡沫化經濟，但是紐約股市的動態和泡沫經濟相差不遠，有

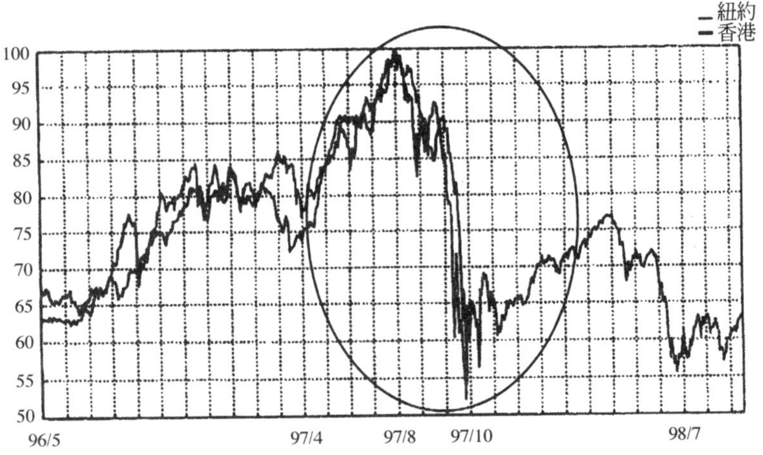

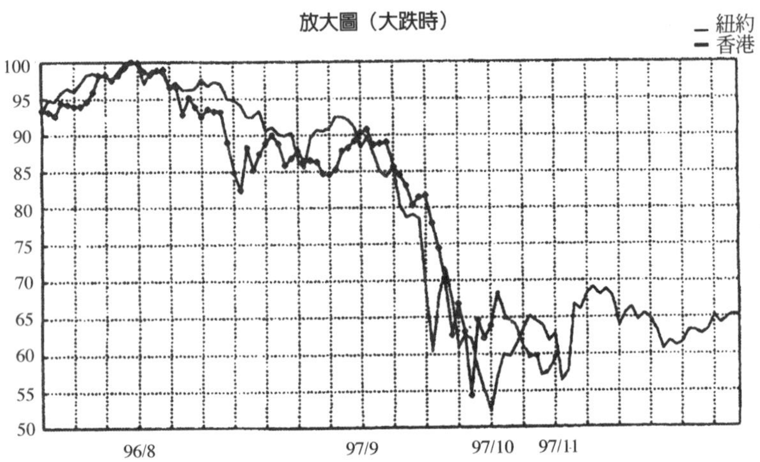

圖5-1　香港股市和經濟大恐慌時的股價類似性

注：1929年9月3日的紐約股市及1997年8月7日的香港股市以100來合成。

泡沫化經濟的動態。

一九九五年二月，紐約道瓊工業三十種股價平均指數在突破四千點大關以來，到了九七年七月成長爲八千點，在兩年五個月的時間內，成爲原來的兩倍。在泡沫經濟時期，東京股市也幾乎是在三年的時間內成長爲兩倍，可知紐約股市是以多麼快的速度在上漲。

我最擔心的是所謂的機關投資人現象。個人的投資資金，作爲年金資金以投資信託（Mutual Funds）的形式流進股市，這種投信的比重變高。因爲這種基金是基於長期投資的觀點來操作，所以與其說是因眼前短期股價的變化而作短期的買進賣出，毋寧說是以長期的眼光看好其後勢的發展，而在這期間慢慢等配股配息的策略運用。因此，如果這種以長期保有股票爲目標的投資人增加的話，會使行情不穩的股票減少。而且，在美國爲了尊重股東的利益，使股價上揚，而盛行由公司自己買回企業所發行的股票，所謂的「買回自己公司的股票」，這種行爲也加速使行情不穩定的股票減少。因企業之間交叉持股，使得行情不穩定的股票減少，如果回想一下過去的東京股市就可以了解了。如此一來，即使只以極少的資金也可使股價大漲，因爲買所以上漲，以這種形式使股價大漲，容易造成泡沫經濟的現象。這令我不得不想起，紐約股市也以相同的形式走上和日本股市同一條路。因爲，一旦投資人變得對股市悲觀而減少買進的意願，則只要有極少量的賣單，恐怕也會使股市股價大跌。總而言之，會使股價的振幅變大，增加市場的不安定性。美國道瓊股價指數在突破八千點大關之後，上漲也好、下跌也好，之所以震盪變得比較激烈，漲幅跌幅變大的原因，就是由於這個緣故。

由於十月二十七日的暴跌，美國紐約股價指數甚至跌到七千一百六十一點，但僅在四個月之後於一九九八年二月，就創下新高記錄，很快恢復高點。相關人士說明道，這是因爲美國經濟很穩固的關係。如果是這樣的話，一九九七年十月股市的重挫，就是抑制市場行情過頭了。總而言之，要對股市行情上升的速度具有警覺性，自己要踩煞車，發揮市場自律性調整機能。但是，市場所擁有的構造性問題依然懸而未決，雖然當時了解到原來如此而踩煞車，但是由於再創新高，會擔心這種現象如果是投資人對市場的信心過多而再度造成股市上漲過多，恐怕重蹈覆轍。因爲，東京股市也是在黑色星期一之後，僅在半年內在世界市場上首先回復到股價重挫之前的水準，使相關人士大有信心，最後這終於變成過度自信而造成泡沫經濟。

話說在香港、泰國、韓國等亞洲各國以及紐約也發生一樣股市重挫的問題。這一連串的事件，難道彼此間毫不相關嗎？不，事情絕非如此，這問題根本是來自同一根源，而且是根深柢固的事件，所以問題尚未解決，股市風暴的火勢還在擴大蔓延。爲了理解此一事件，必須要觀察全世界資金流動的巨大變化。

二、金錢的世界是統一的

※吸收全世界資金的美國

這次國際金融局勢的混亂，一言以蔽之是金錢的世界是統一的，藉此在全世界各國產生所謂的泡沫經濟，之後造成泡沫經濟的瓦解。諷刺的是，會導致今日混亂的局勢是爲了要使美國經濟好轉。一九八〇年代時，美國爲貿易及財政雙重赤字所苦。因爲國內儲蓄率低，爲了使這雙重赤字減少，不得不仰賴國外的資金。因此，從日本和歐洲流進大量的資金，購買美國的國債。當時美國政府每當國債投標時，就看日本機關投資人採

取怎樣的行動，而憂喜參半，視市場投標的結果而動搖。但是這都是過去的事情。

到了一九九〇年代，美國的經濟以高科技產業爲槓桿而好轉，如今也持續其經濟強有力的動態。因爲過剩消費及消費物資依存進口的體質沒有改變，所以貿易赤字實際還是維持相當高額度的水準，但是其對GDP的比率從一九八六年的百分之三點三，到十年後的一九九六年，大幅降低爲百分之二點五。此外，財政赤字的改善成績更爲顯著，包括聯合聯邦政府、地方政府、社會保障基金在內的「一般政府」收支，於一九九六年其赤字爲三百四十億美元，和情況最糟的一九九二年相比，甚至減少了六分之一，一九九六年財政赤字對GDP的比率爲百分之零點五，其比率之小幾乎可以忽略不計。接下來，柯林頓總統在議會提出，從一九九八年十月開始的一九九九年會計年度將預計會有三十年來首度出現九十五億美元盈餘的預算文告。

總而言之，如果是爲了要使這雙重赤字的財務保持平衡的話，目前不需像過去一般從外國吸收大量資金。但是，實際上美國就像一塊大磁鐵，從世界各地吸引大量的資金。海外對美國的證券投資額，於一九九五年達到兩千八百億美元，和前一年相比成長爲兩倍，於一九九六年達到四千兩百億美元，和前一年相比成長爲一點五倍。這些資金

大都流進債券市場，於一九九三至一九九五年間海外投資人持有美國國債佔總發行額的百分之二十左右，但是到了一九九七年第一季，其所佔比率則高達百分之三十四。然而，這種流入的資金使美國的利率更加下降，是經濟順利成長的原動力。

這種資金流入的理由和一九八〇年代完全不同。世界的投資人認爲美國的經濟是全世界最穩健的，而且在將來也能繼續保有其優越性。總而言之，在全世界中，能令投資人最安心投資的地方、最有投資魅力的地方，就是美國。在此期間，因爲亞洲各國的經濟成長顯著，對美國都有巨額的貿易出超，所以這些國家的資金也大量流入美國。此外，日本的利率超低，所以沒有地方運用其資金，像人壽保險等機關投資家就繼續購買美國債券，個人投資則偏向於投資外幣存款。此外，美國的遠期交易從利率低的日本調度資金，以投資美國的金融資產，藉由這種方式使資金從日本流進美國。

※美國主導的「全世界股市同步勁揚」

如此一來，使美國國內的資金充裕得無法完全充分運用。因此，資金從美國流出到其他國家的情況就變得很明顯。在一九九一至一九九二年時，美國對外證券投資只有四百億美元左右，但是到了一九九三年就快速膨脹為三倍以上，達到一千三百億美元，之後雖然步調多少有些減慢，但是到一九九六年仍保有一千億美元的水準。美國的金融機關相互競爭以高投資報酬率為標的，即使稍有風險，也願投資在能回收高報酬率的市場。其中包括從前未投資過的東歐市場及非洲市場。雖然如此，主要的投資市場還是歐洲及亞洲，歐洲於一九九九年一月將成為歐共體發行統一貨幣歐元，經濟活動相當活潑，亞洲的經濟也呈現穩定順利的情勢，均是富有魅力的投資對象。這些國家的經濟，因為美國的資金湧進，更加富有活力，而形成「全世界股市同步勁揚」。由此所產生的過剩資金再度回到美國，隨著資金的流動，擴大彼此的經濟，如此一來則造成意外的良性循環結構運作。

圖5-2所示的投資，不只包括證券投資，也包含了直接投資，可知以美國為中心的資金流量大到幾乎無法和過去相比。如此一來，資金的世界成為一個，位於紐約的華爾街則成了決定世界資金流量的資金中心。

但是，好消息裡有陷阱。得到幾乎運用不完的資金的結果造成了泡沫經濟。亞洲因為成長太快，不僅經濟跟不上其變化的速度，連政治和社會也跟不上其腳步，於是藉由

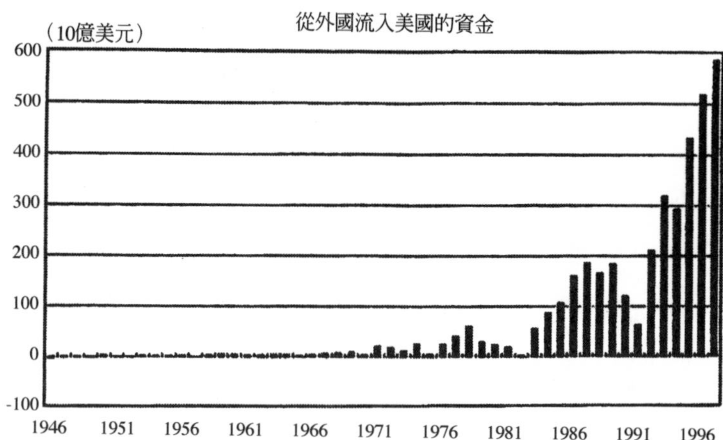

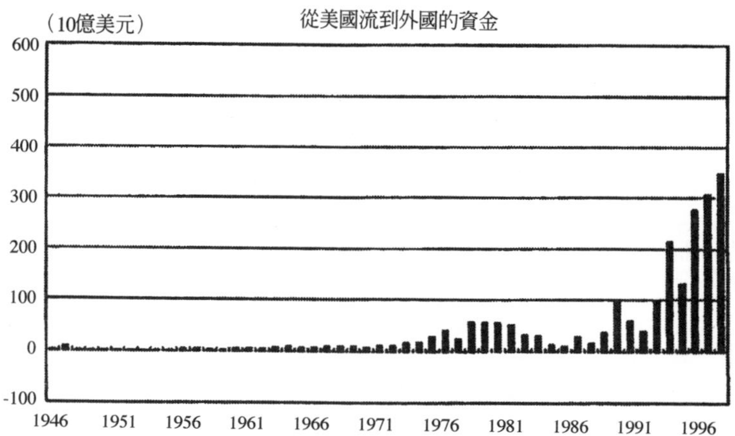

圖5-2　關於美國的國際資金循環

資料來源：根據Board of Governors of the Federal Reserve System, Flow of Funds Accounts作成。學習院大。奧村洋彥教授所完成。

金融危機的形式將問題表面化。其中，以韓國的情況最爲嚴重。

※韓國經濟的危機

韓國的名義GDP在一九九六年時，排名全世界第九，每人平均GDP也超過一萬美元，於一九九六年年底加盟先進國組織OECD（經濟合作暨開發組織），終於成爲先進國家之一。但是，和這亮麗的外表呈現對比的是，其構造性的問題正一點一點地侵蝕經濟。一九九四年以後因半導體市場景氣低迷及日圓貶值，韓元升值的影響，使出口難以有所成長，造成景氣衰退，於一九九六年貿易收支及經常收支都達到超過兩百億美元的赤字，是空前最巨額的赤字。

到了一九九七年，問題一舉表面化，屬於三十大財閥中的起亞汽車及韓寶鋼鐵等六大財閥都因經營失敗而倒閉。接下來，由於十月底香港股市重挫及十一月日本金融機關經營失敗，國際金融市場對韓國金融機關的融資態度一下子變得很嚴格，使金融不穩定的局勢更形擴大。而且到年底爲止，有一筆兩百億美元的短期債務償還期限將至，更加添了事情的緊迫性，韓元急貶，股市也重挫，韓國政府只得向IMF（國際貨幣基金組織）

請求經援。

十二月三日夜晚，韓國和ＩＭＦ在金融支援一事上取得協議，同意支援總額高達五百八十億美元的金額，這次的經援規模甚至超過一九九五年對墨西哥五百二十五億美元的經援額度。其細目爲包括ＩＭＦ的兩百一十億美元在內，國際金融組織經援三百五十億美元，個別國家則包括了日本一百億美元、美國五十億美元在內，共計兩百三十億美元。

雖然提出了這個金融支援方案，也無法使市場金融秩序的混亂有所改善。依照ＩＭＦ的計畫，於十二月十六日改採變動行情制度，但是市場人士繼續大舉抛售韓元，於二十三日韓元的匯率終於貶值到一美元兌換兩千韓元。在短短兩個月內，韓元的價值貶到只剩下一半。此時韓國政府的外匯存底減少到只剩下三十七億美元，當年即將到期的外債約有一百億美元，恐怕將無法如期支付。因此，ＩＭＦ和Ｇ七等國二十五日決定實行對韓國的一百億美元緊急融資案，力圖使事態平靜下來。

※擺脫對於短期資金的依賴

一九九八年一月，韓國政府和日美歐的民間銀行團之間，對於韓國暫緩償還民間債務一事的交涉取得了協議。其協議內容爲向外國銀行借入總額達兩百四十億美元的短期借款在政府的擔保下，從一年轉換爲三年償還的中期債務，利率從市場實際狀況的百分之二點二五增加爲百分之二點七五。這次，由於將短期債務轉爲中期債務，使韓國能解除因資金周轉困難所帶來的緊張壓力。

韓國經濟深深染上通貨膨脹的體質。韓國和日本一樣，都是相信「行情只漲不跌的神話」，所以，企業認爲即使借錢，很快也能透過利潤及營業額的成長而還清債務，而且因爲打著「趕上日本超越日本」的口號，所以在不知不覺間就增加借款額度，使企業擴大經營。爲了加盟ＯＥＣＤ（經濟合作暨開發組織），也下定決心開放早該開放但遲遲未開放的金融資本市場，於一九九六年五月，發表直接投資的自由化計畫，放寬對資本流進韓國市場的限制，結果使外資迅速流入韓國。但是，借款的細目主要是短期資金，在一九九六年底借入一千億美元的款項中，有百分之六十八的償還期限爲一年以下的短期融資。這種短期資金在景氣好的時候雖然會持續湧進來，但是情況一旦惡化也逃得很快，所以使經濟處於不穩定的狀況下。泰國雖然也有相同的傾向，但是韓國的情況規模較大，而且在短期間形成這種體質，反作用也很大。

這次問題的解決雖然使韓國度過一次難關，但並非根除了所有問題。此後會藕斷絲連殘留下來的問題是——韓國企業的外債究竟有多少？因爲，韓國企業財務內容未必明確，還積極在海外從事投資活動，爲此所借入的資金也都必須償還。韓國究竟眞正需要多少資金才能擺平，相關人士對此也都深表懷疑，因此韓國依然是國際金融的火藥庫。

※香港、中國大陸問題

在一九九七年十月，全球股市同步重挫之後，是否注意到到年底爲止，只有香港的股價指數幾乎回升到重挫前的水準。在股市重挫後，於十二月十日首度有新的企業股票上市。新上市的股票是天津市政府的直營企業「天津發展」，負責經營葡萄酒工廠及集裝箱業務，由於當天股票上市而從市場上調度了相當於一百八十億日圓的資金，使市場相關人士又重新對股市充滿信心。

國際金融的局勢在如此不安定的情況下，爲什麼只有香港能夠回到原來的水準？

其原因不必說當然就是中國大陸政府的態度。如同前面所提及的，香港的貨幣當局不斷重申，縱使利率上漲，地價下跌，也要死守住港幣對美元的匯率，使其保持穩定的

市價。爲了保住香港在世界上數一數二的金融市場地位，港幣兌換美元的匯率絕不能有風險。就外國投資人的立場看來，好不容易來投資香港的股市，如果港幣貶值的話則資產也將縮水。過去，日本的人壽保險公司買了很多美國國債，雖然有賺錢，但因美元貶值，造成帳面上巨額虧損，不久就停止該投資。香港和中國大陸政府均擔心這種事情的發生。

因爲，從海外流入香港的資金當中，有一部分透過香港流進中國大陸。爲了持續大陸經濟的發展，有需要像過去一樣使外資流進中國大陸，所以不能使外資流進大陸的流量變少。即使在香港股市重挫之後，中國大陸的資金仍然繼續流入香港股市，以便購買香港股市的股票，支撐香港股市的股價。在社會主義統制的經濟下，國營事業繼續擴大虧損，如何重整國營事業成爲中國大陸經濟的最大課題。政府的策略是促進優良企業的民營化，使這些企業的股票能在香港股市上市，藉此調度所需的資金而自立，所以促使香港市場維持穩定局面是絕對不可或缺的前提。就中國大陸政府而言，順利將外資引進中國大陸的市場，使香港股市維持穩定而良好的狀態，這兩者是促進中國經濟重整所不可或缺的要素。因此，港幣和人民幣其實是一體的。

但是，即使透過高利率以維持港幣的匯率，透過中國大陸本土的資金流入香港股市以維持股價，這些都是人為操作，均違反市場機能，所以這些情況讓人認為都無法一直持續下去。

※黃金本位制度造成通貨緊縮的壓力

固定匯率制度有其缺陷。這就是東南亞各國所擁有的問題，並且成為這次金融危機的導火線，結果無法繼續維持固定匯率制，而變成變動匯率制度。

為了促使經濟安定，應該採取怎樣的貨幣制度呢？這問題也是經濟大恐慌時的課題。這次金融危機的問題是亞洲各國貨幣對美元採固定匯率制，相對於此，經濟大恐慌時的問題是各國貨幣對黃金採固定匯率制，總而言之是「黃金本位制度」的問題。

在第一次世界大戰之後，主要各國都從變動匯率制回復到黃金本位制度。當時，英國貨幣的價值雖在公定價格之下，但是選擇了戰前公定價格，然而法國則選擇了低於其實力的匯率。因此，英鎊則成為投機客投機的標的，英國不僅持續呈現不安定的情勢，而且使英國的出口也大受打擊。法國則反之，因受法郎被過低評價之賜，而使法國的出口大幅成長。無論如何，採取和本國實力不相符的匯率，都是造成國際經濟混亂的主因。

問題並沒有就此結束，羅伯特．孟岱爾對於黃金本位制度所擁有的構造性問題，作了以下的指示及說明：「當我們評價以重建黃金本位制度爲目標的政策時，重要的是要視所有的貨幣，尤其是主要的基軸貨幣美元對黃金是否保有適當的匯率。其答案是否定的。……一九二四年時，美國的物價比十年前上升了百分之五十之多，而且在這期間黃金的價值也減少爲三分之二。不考慮黃金價值的變化，只一味想試著重回過去的黃金本位制度，這種作法只會引發問題。總而言之，只會引發高達百分之三十三的全球性規模的通貨緊縮而已。」（*The Global Adjustment System*）

也就是說，在黃金本位制度下，黃金變成可以兌換美元。舉例而言，我拿一盎司的黃金到美國政府去，則財政部會支付我公定價格二十美元。但是，如同孟岱爾所表示的，一盎司黃金明明價值相當三十美元，但卻只能拿到二十美元。如此以黃金作爲擔保，使資金流通，履行信用創造，但這種作法只能實行比經濟實勢還少的信用創造，所以加大了通貨緊縮的壓力。接下來，通貨緊縮也造成經濟大恐慌。

※貨幣固定匯率制的陷阱

即使從這種歷史的經驗看來，因爲經濟不斷變化，所以要維持固定匯率制度是相當困難的，也知道要使港幣持續維持現在這種對美元固定匯率的制度也是不可能的。這已成爲現實的問題，開始對香港經濟的競爭力產生影響。舉例而言，中國大陸對外的輸出，有一部分是透過香港出口外國。中國大陸在出口方面的競爭對手，即東南亞各國的貨幣都呈現超貶的情況，如果人民幣及港幣維持現狀的話，當然會使中國大陸及香港產品的出口競爭力減低。舉個淺顯易懂的例子，由於港幣匯率走強，據說香港的飯店，連二流三流的，住一晚都得花上兩百美元或三百美元，使外國人對香港的評價比東京還差。到香港旅遊的旅客也大幅減少。

投機客從年初開始，再度加強對港幣的投機攻勢，但即使從這件事看來，堅持想維持現狀很有可能在將來導致更大規模的混亂根源。一九九八年一月八日，中國共產黨的黨報《人民日報》以此爲主題，報導了「亞洲各國貨幣的貶值除了對中國的出口造成一定影響之外，對中國人民幣的安定也形成了壓力」，雖然否定人民幣貶值的可能性，但表示「因應供需關係的變化，有可能發生小幅度的波動」。

中國大陸出口的產品和東南亞各國競爭的產品，是纖維和鞋製品，因此，也有人認爲受貨幣混亂的影響程度不大。此外，如果人民幣貶值的話，恐怕將會再度引發新的通貨貶值競爭，所以美國也強力促使中國維持現狀。筆者認爲，因爲香港才剛歸還中國大陸，而且中國的自尊心很強，所以無論如何不會立刻變更其政策，但遲早港幣不是脫離對美元的固定匯率制度，就是雖然維持固定匯率制但是將會降低其匯率標準，所以人民幣也不得不被迫貶值。問題是究竟會在何時，以何種形態完成？此外，如此一來將對世界經濟產生怎樣的影響呢？香港、中國勢必將和韓國一起成爲國際金融的火藥庫。

※亞洲的投資人急忙出售手中持股

資金的世界成爲一個統一的世界，在全世界各地都形成了泡沫經濟，一旦某處泡沫經濟瓦解，其影響並非僅止於那個國家而已，還會波及很多地方。舉例而言，如果香港的投資人因香港股市重挫而虧損的話，則爲了作好準備工作，便會賣掉所有在國外投資的資產，將資金帶回國內。我們在一九八七年黑色星期一所目睹到的就是這種變化。如

此一來，資金的轉移變得更激烈，國際金融世界將呈現不安定的局勢。

這幾年東京股票市場是藉由外國投資人的買進，以支撐其股價指數。因爲國內的法人及個人持續在賣超，只有外國人在買超。但是從一九九七年八月開始，外國投資人也轉爲賣超，到了年底，出現八年來首度持續五個月的賣超。失去平衡的東京股市，像喪失了引擎一般，完全無法支撐，日經股價指數在六月創下該年最高點兩萬零六百八十一點以來，一直持續下挫，到了年底甚至跌到一萬五千點。

仔細觀察，會發現亞洲各國的投資人從八月開始賣超，接著歐洲也在九月跟進，美國則是從十月到年底爲止持續賣超。即使是亞洲股市投資人在該年度的交易，也出現從一九九〇年以來七年間首度賣超高達五千億日圓的情況，進而了解亞洲的金融危機使東京股市處於低迷不振的行情。

三、通過市場的國際化壓力

※市場的淘汰

國際化的浪潮以另一種形態向我們靠近。那即是發生在一九九七年金融機關相繼經營失敗倒閉，而且是由於市場的壓力之故。雖然日本被視爲已開發國家，且日本經濟也已經國際化，但是我們卻幾乎不明白國際化究竟是怎麼一回事。

前哨戰於年初早早就展開了。因爲擔心日本債券信用銀行未來的經營狀況，以此爲題材而大賣股票，日本債券信用銀行的股價從年初的三百日圓，到了二月甚至跌到一百七十七日圓。四月一日，日債銀雖然表示將撤回海外業務，採分公司制，也爲了大幅縮減人事費用而推出組織重建政策，但是市場人士仍認爲這些作法不夠，賣壓再度湧現，使股價跌到一百五十八圓。之後，日債銀發表將和銀行企業有業務合作的關係，才終於免除市場的賣壓。這也是秋天金融不安之役的前奏曲。

到了秋天，市場上再度出現金融股的賣壓。預估透過金融體系的改革及一九九八年四月所實施的早期更正措施，市場上針對金融機關著手進行挑選淘汰。在此過程中，三洋證券公司於十一月三日申請重整，事實上已面臨破產了。當時，在銀行間的交易首度發生債務拖欠的事情，從此，金融機關開始相互懷疑，互不信賴。

直接受到這種變化影響的是北海道拓殖銀行。北海道拓殖銀行於日債銀發表組織改革政策的同一天（四月一日），爲了繼續生存下去，發表了和北海道銀行合併的消息。屬於都市銀行的拓殖銀行接受級別較低的地方銀行——北海道銀行的救濟，是屬於特例的合併情況。但是，兩家銀行的期待不同，問題接著浮出檯面，到了九月終於演變到放棄合併的想法。自從三洋證券破產以來，拓殖銀行成爲市場上的標的，在股票市場上，投資人大舉拋售拓銀的股票。在此期間，拓銀的存款不斷外流，此外拓銀在銀行間的交易市場上，爲了調度資金，情況也一天比一天嚴重。以前不需要擔保就能調度到資金，如今變成需要擔保，甚至即使提出擔保還借不到錢，落到這種悲慘的下場，事實上已經淪入資金周轉不靈的破產下場。

十一月十七日，拓銀發表了將拓銀讓渡給北洋銀行營業一事。北洋銀行是以北海道爲據點的第二地方銀行。當時，金融當局絞盡腦汁，欲將山一證券公司和拓銀的經營失敗破產事件一起處理，想要防止山一證券的破產。因爲山一證券是拓銀的主要幹事，而且當時透過銀行間的交易市場，融通一千億日圓以上的資金給拓銀。回顧起來，山一證券公司本身的財政也很危急，卻貸款這麼巨額的資金給拓銀，亦即山一證券是拓銀的巨額債權人。如果拓銀行以三洋證券的形式發生債務拖欠的事件，山一證券公司很有可能立刻發生連鎖倒閉，落到走投無路的下場。爲了不讓山一證券公司倒閉，也爲了保護銀行間交易市場的秩序，不使參與其中的人士受到混亂波及，唯一解決之道就是將拓銀的營業權讓渡給北洋銀行，及日本銀行實施特別融資。但是，在北海道拓殖銀行宣布破產後一週，十一月二十四日，山一證券公司也步上拓銀的後塵。

※被外國評鑑機關所擊垮的日本金融機關

山一證券公司經營不善發生危機一事，在關係業者之間廣爲人知。財政部於山一證券破產時首度公開發表的「轉手」買賣股票一事，在市場上也早有傳聞，和外國證券公司合作及購併的計畫因此中斷。在此情況下，給山一證券致命一擊的是美國評鑑公司穆

迪投資服務公司。穆迪於十一月二十一日將山一證券公司的級別下降爲「不具有投資的資格」，這結果發表之後，形同對金融機關宣判死刑，被視爲失去金融機關的資格。海外的金融機關和投資人相當重視這種評鑑等級的結果，投資人即使不是毫無條件地完全接受，但這結果也對投資人的投資行動產生很大影響力。這次的降級等於向山一證券下最後通牒，隔天二十二日，財政部證券局局長長野先生舉行記者招待會，表明山一證券有帳外債務，事實上已經承認山一證券公司經營不善破產倒閉一事。十一月二十四日，山一證券公司決定自動停止營業。

關於山一證券公司的破產，雖然有各種各樣的問題，但是「被外國評鑑機關所擊垮」一事，卻十分具有衝擊性。在此之前，政府也好，企業也罷，都不太重視市場反應。好像把市場當做是自己能夠管理的東西，只認爲市場永遠都能順利供自己使用。欠市場的那筆帳現在找上門來了。

※四大證券時代的終止

一九九七年所揭發出利用股東大會以圖謀私利的小股東集團和銀行、證券的醜聞，以別於金融不安的事件，令人不得不去思考日本的市場究竟是什麼，該事件也引發人們的高度關切。其中以野村、大和、日興、山一所謂「四大證券」都與該醜聞有關最具象徵性。這四家公司是日本證券業的代名詞，由於具有壓倒性的影響力而執證券業的牛耳。就此意義而言，這次事件是「四大證券時代的終止」，之後山一倒閉，脫離這四大證券，四大證券體制終於譜下休止符。

那麼，所謂「四大證券的時代」究竟是什麼呢？那即是四家證券公司壟斷東京股市，使東京股市成爲扭曲且封閉的市場一事。四家證券公司以豐富的資金、情報、銷售力爲武器，運用這些力量左右東京股市的行情。此外，在增資及接受公司債、企業新上市股票方面也都有壓倒性的力量，新發行的轉換公司債及未上市股票，這種策略性商品如果上市的話，的確有望上漲。能夠掌握住這四家公司的動態，就能跟得上市場行情的趨勢，也能藉策略商品而獲利。如此一來，市場完全變成金權掛鉤，政治家、企業，以及謀私利的股東們聚集在一起追逐這金權。

股票市場本來是所有人都能公平參與，依循市場交易法則進行交易，以期使金錢被公平而合理地分配。市場是重要的經濟公共設施，舉例而言，就好像道路及橋樑是大家

所共有的公物。但是，在不知不覺之間，以四家證券公司爲中心的市場相關人士，陷入了股票市場好像是自己所私有的東西般的錯覺。即使不如此，日本社會本身就具有相當濃厚的鄉村社會的色彩。對企業人士而言，雖然利用參加股東大會以圖謀私利的小股東令人覺得麻煩，但是另一方面也是保護自己公司利益免於被其他公司所侵犯的同夥人。與其毅然地排除小股東的存在，毋寧說與他們和睦相處會來得順利些。換句話說，他們也是自己人之一。鄉村社會的常理和世間的常理之間產生了「雙重標準」，終於以鄉村社會的律法爲優先。「證券的世界依照自己的法則來運作，沒有任何法律的存在」，這種想法釀成了這次的悲喜劇。

總而言之，東京市場是屬於以這四家證券公司爲中心的封閉性市場之一。但是，隨著市場擴大，市場參與者不斷增加，這種封閉性市場不會永遠持續下去，實際上「四大證券時代」在事件發生之前已經開始瓦解了。外國證券商在東京股市的交易量從一九九七年以前佔整個交易量的百分之二十，到了一九九七年以後急增到百分之三十。到了一九九七年九月十二日，外國證券商在東京股市交易量，佔全體交易額的百分之五十二，外國證券商於一九八六年進入東京股市以來，首度超過國內證券商的交易量。外國的投資人影響日本股市股價之後，東京股市終於成爲名副其實由外國人所主導的市場。

※以市場為犧牲品的國家和企業

當東京市場是封閉性且屬於內線交易市場時，企業和政府也參與其中。本來製造出扭曲市場的「四大證券」就是企業公司。舉例而言，企業發行新的股票以調度資金時，以上市之前的股價爲基準來決定其上市的股價。因此企業爲了盡可能調度更多的資金，將發行新股的手續完全委託給證券公司的「總幹事」來負責，讓股價上漲。在泡沫經濟最盛時，筆者曾在兜町（東京證交所的所在地）採訪股市新聞，當時代表日本的一大規模電機廠商股價爲七千日圓，他們向四大證券公司的負責人喊話，「如果漲到一萬日圓就增資」，要證券公司加油打氣。本來應該是由市場來決定該公司的股價，才是合理的，但是當時卻基於要調度多少資金的觀點，而由企業及證券公司來決定該公司的股價，呈現出本末倒置的狀態。總而言之，對企業而言，股市是會下金蛋的雞，是致富的場所，投資人的利益根本無關緊要。

甚至連政府都做和企業完全相同的事情。一九八七年NTT的股票上市時，政府利用當時市場的氣勢，從中煽動證券公司和證券分析師引發搶購熱潮，使政府獲得了十兆日圓的利潤。但是，有很多投資人，到現在還因當時下買NTT的股票慘遭套牢。一樣實行民營化的英國通訊公司的情況，則採取生小養大的方針，先抑制其上場價格以培育投資人爲目標，和NTT股票上市時的情況完全不同。此外，如果股價低迷不振，則依照常規由公共資金來買進，出現了股價的PKO（Price Keeping Operation）。股價低迷不振，明明本來就該用總體經濟的策略來處理，卻永遠只用些小聰明的市場策略來敷衍了事。這種想法的背景，是基於政府當局認爲市場是政府所能控制的這種信念和妄信。

其中，具代表性的人物即是前首相宮澤喜一。前首相宮澤喜一於一九八六年受中曾根首相委託，思考「日圓升值的經濟對策」，而就任財政部長以來，就指示貨幣當局徹底干預，換句話說即盡全力抑制市場的動態。當時，宮澤部長幾乎每天晚上都打電話給財政部的前輩澄田智，緊迫盯人地問道：「有什麼辦法沒有？」宮澤喜一這種態度，即使當了首相也絲毫沒有任何改變，他卸任後，回憶當時的情況表示道：「總想使日圓升值的情況緩和下來，但終告失敗。」因爲政治家和財政部有這種態度，所以就一般國民看來，市場是能夠管理的，日圓升值也好，甚至股價下跌也好，都是可以解決的，他們會有這誤解也是無可厚非。但是，現在大家都了解道這完全是一派胡言歪道。最不了解經濟及市場事務的反而是政府及經濟專家。

※市場的意義

那麼，所謂市場究竟是什麼呢？市場是利害相關人士基於各自的想法使其價錢相互碰撞而決定出價格。舉例而言，蔬菜的價格是由想盡量使價格提高的生產者及希望價格便宜的消費者（雖然由批發商代言）互相碰撞後決定的。如果是匯率的話，輸出業者因爲需要將出口所得的貨款從美元換回日幣，所以希望美元升值、日圓貶值，以使自己可以換得更多日圓，但是如果是進口業者，就和石油業者一樣，以美元購買石油和產品，希望美元貶值、日圓升值，對他們比較合算。如同在國內有這種對立存在一般，國與國之間也有這種利害衝突。爲了想減少貿易赤字，美國希望美元貶值、日圓升值，日本爲了使景氣復甦，則期待美元升值、日圓貶值。

在考慮市場時，有兩件事是很重要的。第一，市場價格是絕對的。對於生產者而言，如果無法在市場上取得理想的價格，不是產品的品質不好，就是價格定得太高，或

是供給過盛，無論如何就是不能滿足消費者的需求。如果股價比預期還要低的話，就是投資人對自己公司的實力及經營方針用更嚴格的標準來衡量。總之，如果價格與自己的期待不符合時，能善加反省而找到下一步的對策就好了。若一味認爲市場錯了、市場不合理，而抱怨市場的運作，如此否定市場機能的想法，只會因自己的驕傲而喪失自我反省的機會。

第二，市場是對世界開放的窗口。現在經濟是在國際性的架構中運作。在外國發生的事件會立刻反過來影響日本，反之亦然。因此，必須不斷從國際性的觀點來思考事物不可，也必須尊重國際性的法規。

如果基於這兩點來考慮從一九八〇年代後期開始的日圓升值趨勢，積極看來是當然的變化，但說得冷漠一點的話，就是咎由自取，自食惡果，是日本人自己造成的。本來日圓的價值就高於自己所預期的，而且在國際經濟中，日本爲了和外國和睦相處該如何是好呢？因爲沒有透過市場開放及擴大內需以努力解除貿易摩擦，造成日圓升值，這是必然的結果。但是，政府將自己的責任轉嫁給市場行情走過頭，結果只是一味地向人民灌輸人爲的日圓升值這種被害者意識。而且，政府只是作出市場怎麼就是不合理的錯誤形象。

※市場的復仇

這次一連串所發生的金融機關經營失敗倒閉事件，就是長期以來忽視市場、無視於市場機能存在這筆帳的總結，換句話說，就好像是市場展開復仇行動。企業的經營者長期以來忽視市場機能，持續隱瞞實情而相信前輩及公司集團內的首腦人物等內部人士，對公司所作的評價。山一證券的「轉手」交易也好，拓銀的巨額不良債權也好，公司本身及監督當局完全都沒有讓投資人知道事實的眞相。但是，市場和國外是相連的，透過市場，就會暴露其在海外所受到的評價爲何。因此，在內部雖然總有辦法可以隱瞞這個謊言，但卻無法欺騙得了那些職業集團身經百戰的海外投資專家及企業人士。

山一證券破產之後，一位幹部憤慨地表示：「藉由外國資金賣空，透過人爲操作股價的技巧，使股價快速下跌，引發了信用不安的問題。山一證券公司的確是被市場所擊垮的。爲了賺錢而把公司擊垮，這種作法是合理的嗎？」或許眞的是如此。但是，如果給快速如禿鷹般的投機客有機可趁的話，就會失敗。在國際社會裡做事，所謂勝負就是

這麼回事。所謂國際化就是要面對這麼激烈的競爭，能在這種嚴格的競爭中獲勝就能留存下來，而非對於過失睜一隻眼閉一隻眼，凡事都以無所謂的態度寬容對待的社會。市場即是國際化的試金石，是國際化的戰場。即使如此，我們似乎連想都沒想過這些事情，而太自由自在地過著輕鬆的生活。

第6章　勿陷入經濟大蕭條的圈套

一、解決問題的困難

※只能藉由戰爭才能解決的經濟大恐慌

那麼，我們現今究竟應該做什麼呢？作為思考這個問題的前提是，我們須事先了解我們所面臨的這個課題其實是很重大的。如果以經濟大恐慌為例，第一，無法找出平和的解決方法以解除經濟大恐慌的危機，只能藉由第二次世界大戰的爆發來解決。第二，如同當時超低利率從一九三七年一直持續到戰後的一九四八年為止，共持續了十二年之久一般，要克服問題需要花上很長的時間。我們所面臨的正是這樣性質的問題，不是用輕鬆的態度、以馬馬虎虎的對策就可以解決的。首先，我們決定先來看一看美國從一九三七年「經濟大恐慌中的恐慌」過程中重新站起來的經過。

一九三八年四月，羅斯福總統由於前年度採取緊縮財政而失敗，轉而採取積極的財政政策，並且推出包含了高達相當於百分之二十五預算的二十億美元追加支出、十億美

元放款的景氣振興方案，因此美國的經濟才再度復甦。相對於從一九三七年七月到一九三八年六月爲止，工業生產大幅下跌了百分之三十三，從一九三八年六月到一九三九年八月爲止，工業生產則恢復到下跌百分之二十四，相同地，雇用率也從之前下跌百分之二十四，之後增加了百分之十四。但是，在當時，失業人口仍有九百五十萬人，經濟問題依然尚未解決。

※由於世界大戰而使經濟擴大

結果是由於戰爭的爆發才促使美國恢復景氣。使美國從「經濟恐慌中的恐慌」狀態下恢復景氣的背景之一，是由於從國外接受武器的訂單。當時，全世界已經感受到即將爆發第二次世界大戰的氣氛。一九三六年義大利併吞衣索匹亞，一九三七年日中戰爭爆發，一九三八年德國併吞捷克。在此期間，各國除了再度展開擴展軍備競賽之外，由於爭奪霸權也使得世界經濟逐漸變成區域化，形成了英鎊、馬克、日圓的經濟圈。接下來於一九三九年九月，終於爆發了第二次世界大戰。

根據河村哲二所著的《形成美國控制下的和平》一書表示，以日本偷襲珍珠港事件將第二次世界大戰時美國的經濟變化分爲兩個階段，從一九三九年九月一日爆發了第二次世界大戰到一九四一年十二月八日日本偷襲珍珠港爲止，爲「國防期」，從偷襲珍珠港到戰爭結束爲止，則稱爲「全面戰爭期」。在「國防期」的時候，商品市場由於投機性的變化，使價格發生波動，由於鋼鐵業等軍需相關產業，使生產活動變得很活潑。但是，在歐洲的戰局也陷入一片膠著狀態，美國國內有很根深柢固的傳統孤立主義，原則上保持中立，避免和戰爭有直接的相關，所以也沒有太大的軍備需要。接下來，因爲羅斯福在一九四〇年度的會計預算僅止於和前年一般，使得美國經濟再度回到停滯不前的趨勢。

但是，一九四〇年六月十四日巴黎失守，英軍也在坦克魯庫敗北而從歐洲大陸撤退，七月德國開始攻擊英國本土，使事情整個改觀。一向保持孤立主義的美國國民，開始意識到歐洲戰場的戰爭也是自己的戰爭。因此，美國政府推出一年製造五萬台飛機、製造軍艦等規模空前浩大的計畫，推展大規模的再軍備計畫。此外也包含了和民間經濟活動相關的商船計畫，及國防住宅建築計畫等內容。

一九四〇年度會計年度預算的歲出和前年相比雖沒有太大變動，但是一九四一年度

的預算，其歲出則大幅增加了百分之四十八，到了四〇年代末爲止，這種軍需生產和建設活動正式展開，經濟完全恢復原有的生氣與活力。一九四〇年的GNP超過了一九二九年的水準，一九四一年的雇用情況則接近完全雇用狀態，美國終於克服了經濟大恐慌的問題。從紐約股市於一九二九年重挫以來，前後共歷經十二年或者說十三年的長期黑暗的隧道時期。

於一九四一年三月十一日，通過了「武器租借法」（Lend lease），允許將武器租借給聯合國一事。總而言之，美國變成清楚地承諾，在這次戰爭中生產履行戰爭所必要的物質，連民間的經濟活動也都加入這個總動員的體制，完成了所謂的「戰時體制」。接下來在十二月八日，由於日本偷襲美國的珍珠港，美國便對日本宣戰，使美國從此捲進這場眞實的戰爭中。

※戰時的經濟擴張

在戰爭時全世界的生產量上升了百分之十五到二十，其中以美國的成長率最爲出眾。從一九三九年到顛峰的一九四四年爲止的五年內，工業生產量擴大了兩倍以上，名義上的GNP也快速成長二點五倍，實質GNP成長一點五倍。軍需生產在一九三九年不過只佔GNP的百分之二，但是到了一九四三年則成長為GNP的百分之四十，可知戰爭的影響是多麼大，此外，勞動人口從一九三九年的五千六百萬人，到了一九四三年則增加為六千六百萬人，實際上增加了一千萬人，就比率而言，也增加了百分之二十。近代以來，沒有在這麼短的期間使經濟能如此快速膨脹的例子。

這種經濟活動的擴大，是基於美國本身擴充軍備的計畫，以及根據「武器租借法」應聯合國的要求，而將武器借給聯合國的援助計畫造成的。擴充軍備的計畫，是因巴黎失守使歐洲戰線迅速展開，而策定了「一九四〇年六月三十日的計畫」、一九四一年十二月四日的「勝利計畫」、更進一步因美國對日本宣戰的「戰時軍需計畫」，改變原有的態度，由於這些戰時計畫，使支出合計從一九四〇年後半開始到一九四五年後半為止的五年間，成長了三千一百五十八億美元之多。這金額相當於美國一九四〇年GNP三倍的額度。另一方面，根據「武器租借法」的支援也增加了四百六十億美元。這費用僅有極少的一部分是由同盟國來支付，大部分都是由美國來負擔，在戰後才消帳，實際上是由美國政府出錢製造武器送給同盟國。

爲了彌補這些資金，使財政急速膨脹起來。在顛峰時的一九四四年度、一九四五年度的歲出，分別達到了九百六十億美元、一千億美元，達到戰前一九三九年時的十倍以上，爲了維持財政平衡，政府雖然也實施了增稅的制度，但是大部分還是依賴發行國債，在二次世界大戰後，政府公債餘額在最顛峰時的一九四六年二月末達到兩千八百億美元，是GNP的一點三倍，歷史上首度出現公債超過民間總債務額。經濟大恐慌以戰爭這種悲劇作爲犧牲，終於被解決了，但是我們仍然無法找出以和平的手段解決經濟大恐慌的問題。

※昭和恐慌也企圖以戰爭來解決

如果一窺過去解決經濟蕭條之道，都可看見戰爭的蹤影。在昭和恐慌時，政友會（譯注：當時日本的政黨）的犬養毅內閣於一九三一年（昭和六年）年末開始運作，任用了曾經擔任過首相的高橋是清爲財政部長，使之前井上準之助財政部長的貨幣緊縮政策作了一百八十度的大轉變。犬養內閣在第一次內閣會議中決定再度禁止黃金出口，之後日本銀行沒有嚴格制約，變成能夠發行銀行券而實行了貨幣制度的改革。接下來，在該

年度九月日本入侵中國東北成立了「僞滿洲國」，並且爲了完成接下來一連串的軍事侵略行動，發行赤字國債以籌措這些必要的軍費，赤字國債由日本銀行來認購。當時生產設備及勞動力都有餘力，所以增加生產軍需用品而使生產設備能充分運用，生產活動也能完全運作，並且增加了勞動力的雇用。名義GNP也是在一九三一年達到最低點，到了一九三二年轉爲正的百分之二點六成長率，接下來於一九三三、一九三四年則變爲二位數字的成長率，由於對中國東北發動軍事攻擊，使一切經濟情況都因而受惠。但是，最後的結果，如眾所周知的，日本擴大戰線而陷入戰爭的泥淖之中，最後到了無法挽救的地步。

此外，消除戰後「道奇經濟大蕭條」（譯注：道奇爲駐日盟軍總部的經濟顧問）的可能性，也是透過戰爭。爲了消除第二次世界大戰後的通貨膨脹問題，聯合國最高司令部於一九四九年（昭和二十四年），提出了「道奇方針」（Dodge Line），要求實施通貨緊縮政策。底特律銀行的總裁道奇，於第二次世界大戰後，在德國以物價安定爲目標實施了嚴格的貨幣改革，因這方面的經驗受到稱許，而擔任盟軍總部在經濟面的最高經濟顧問駐在日本。這位道奇不僅要求將日本政府的預算從赤字財政變成均衡財政，還要求要一

口氣轉爲盈餘預算。相對於此，政府和日本銀行在一九二四年度的預算中列入八百億日圓盈餘爲擔保，藉由金融政策使相當這部分盈餘的金額歸回到民間，藉此形式使道奇所要求的貨幣緊縮變成比較緩和。但是，因爲總部重新要求實施通貨緊縮政策，一九五〇年（昭和二十五年）五月，日本銀行不得不將政策轉向金融緊縮。

但是，在之後一個月的六月二十五日，爆發了韓戰，使情況整個改變。當時的物價在昭和二十三年爲顛峰，於昭和二十四年下跌百分之七點九，昭和二十五年繼續下跌到百分之十五點九，兩年內創下了大幅下跌百分之二十二點五的記錄。吉野俊彥分析道（所著《絞盡腦汁》），如果當時繼續實施道奇方針的話，很有可能會演變成經濟大蕭條。韓戰的爆發使經濟大蕭條消聲匿跡。

※花時間的構造改革

我們所面臨的課題第二個重要性在於，構造改革其實需要花費很長的時間及努力。讓我們來回顧一下經濟大恐慌時的金融政策。美國的中央銀行於一九二九年紐約股市崩盤之後，將央行貸款利率從百分之六調降到百分之五，到一九三一年爲止總共調降了八

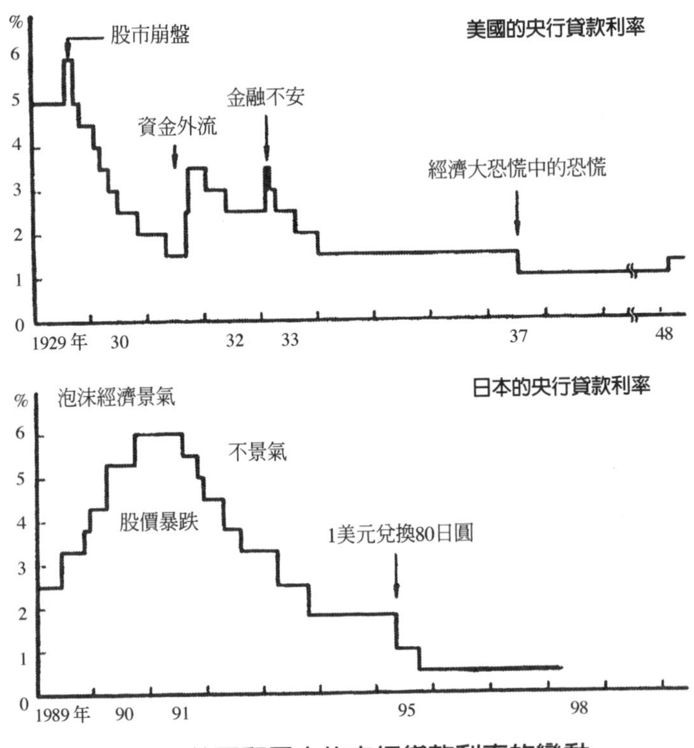

圖6-1　美國和日本的央行貸款利率的變動

次，調降到百分之一點五。之後，爲了防止資金外流，到一九三三年爲止曾一度調漲到百分之三點五爲止。之後再度回到金融緩和政策，到了「經濟大恐慌中的恐慌」的一九三七年時，終於又將貸款利率調降到百分之一。

日本銀行也是在這時候將貸款利率調降到史上最低的百分之零

點五。而且，美國的百分之一超低利率到一九四八年譜下休止符爲止，前後共持續了十二年之久，到了一九四八年時也僅提高了百分之零點二五，維持百分之一點二五的低利率，金融當局其實是採取相當愼重的對策。

如同之前再三提及的，一九四〇年時GNP超過一九二九年的水準，一九四一年則接近完全雇用狀態，在這時候應該已經克服了經濟大恐慌了。但是，爲什麼會持續這麼長一段時間的超低利率的政策呢？一言以蔽之，人人皆深刻感受到經濟大恐慌的可怕，有必要解決根本性的問題，爲了解決該問題，需要花費這麼多的時間。當時人們所畏懼的問題，一是財政重建的問題，一是擔心因軍需景氣的反彈而再度引發經濟恐慌。

首先，先來考慮財政問題。爲了解決經濟大恐慌及戰爭問題，實行龐大的財政支出，所以發行國債作爲財政來源以消化這些支出，及如何減輕借款的負擔是當時的重大課題。因此財務部針對國民的需要，發行各式各樣的國債，同時爲了想減少成本，向中央銀行的FRB（聯邦準備理事會）要求協助，盡量壓低市場利率。接下來於一九四〇年三月，財務部和FRB（聯邦準備理事會）之間，達成有關戰時金融的協議，透過FOMC（聯邦公開市場委員會），將三個月的TB（財務部證券）降低爲百分之零點三七五的

「TB固定化政策」，此外也透過買進策略使國債維持穩定的價格，而且採取使利率維持在百分之二點五的「固定政策」。事實上這不外就是將金融政策委託在政府手中。總而言之，FRB爲了克服經濟大恐慌而助長了赤字財政，爲了處理赤字財政所造成的善後問題而持續採取超低利率政策。

長期間維持超低利率政策的理由，是對戰後可預期的不景氣的恐怖及不安。在第一次世界時也有過因軍事需求而產生的熱潮，在戰後不久因其餘溫猶存而使好景氣持續了一段時間，但是不久之後，因其反作用而使經濟陷入不景氣的狀態。這就是一九二〇年的經濟大恐慌。由於從一九二〇年後半開始，耐久消費財的生產逐漸減少，農產品價格也下跌，造成生產活動縮小、物價下跌、失業急速增加、破產事件增加，使經濟陷入恐慌的狀態，到了隔年（一九二一年）七月，還變成歷史上第三嚴重的景氣下滑。在此期間，從一九二〇年一月景氣的顛峰到了一九二一年七月，工廠生產大幅度減少了百分之三十三，工廠勞工的雇用則大幅減少百分之三十一，批發物價指數也下跌了百分之四十五。其原因在於爲了恢復黃金本位制度，以健全財政爲目標削減財政支出，爲了抑制通貨膨脹採取金融緊縮政策，以及因爲工資上漲等因素使企業成本增加，而對企業經營造

成壓力。在戰火激烈長達多年的第二次世界大戰結束後，人們終於能鬆一口氣的同時，第一次世界大戰後的混亂情況浮現在人們眼前。我們不可以重蹈覆轍。因此，ＦＲＢ（聯邦準備理事會）的金融政策也不得不愼重而行。

雖然說處於戰爭這種非常時期的特殊狀況下是不得已的，但是對中央銀行而言，金融政策的主導權掌握在政府手中一事是深感屈辱的。這種關係在戰後仍持續了一段時間，由於韓戰的爆發加速了通貨膨脹，最後終於也在議會提出了這個問題，一九五一年三月，藉由杜魯門總統出面調停，使財政部和ＦＲＢ之間正式達成協議，承認彈性的利率操作。美國的中央銀行恢復了其獨立性，ＦＲＢ終於使經濟大恐慌譜下了休止符。

※爲了逃出泡沫經濟的圈套

爲了逃離經濟大蕭條的陷阱，筆者在此提出以下幾個政策供讀者作爲參考。

・爲了解除泡沫經濟的後遺症，也就是最嚴重的金融不安——

加速整頓實際上破產倒閉的銀行，仿照昭和恐慌時成立昭和銀行而設立「平成銀行」，以公共資金購買優良銀行的優先股以解除貸款困難的問題，爲了實質解除不

良債權的問題，向人民收購以公共資金作擔保的不動產。

・為了消除因泡沫經濟瓦解而產生的龐大供需差距的景氣對策——延期財政重整的目標年次，宣布從緊縮財政轉為寬鬆財政政策、實施大規模的所得稅減稅及法人稅減稅、整頓下水道、公園等生活基礎建設，促進完成情報網事業。

・為了促進成為泡沫經濟遠因的經濟及社會構造的改革——宣布小規模政府包括中央政府的重組以大幅刪減公務員，使首都機能能早期移轉、大幅度實施規制緩和。

接下來，依照這些大綱逐一作討論。

二、消除金融的不安

※信用體系的動搖

包圍我們的問題中，當今最大課題是要如何才能解除金融不安、金融體系的混亂呢？由於金融機關相繼破產，使存款者之間的不安擴大，藉由相互信賴而成立的銀行間交易市場陷入癱瘓狀態，信用體系幾乎可說是已經陷入實際上完全瓦解的慘狀了。

接下來，這種金融機關、金融體系的混亂，透過貸款困難的形式，對實體經濟造成影響，宛如眞正已開始引發了金融恐慌及經濟大恐慌。

到了一九九七年年末，自民黨和政府雖然接二連三提出促使金融體系安定的對策，但是市場的反應卻很冷淡。因爲這些對策該如何運用顯得並不公平，也無法提出解除金融不安根基的、對未來經濟情勢不安的對策。

※美國金融體系的瓦解

在經濟大恐慌時，美國的金融體系和國際金融體系也都瓦解了，其經過在本書第二章的經濟大恐慌簡史都曾提及，但是簡單作一回顧，其原因是從一九二九年到一九三〇年秋天爲止，幾乎都是以農村的小銀行破產，積弊已久的農業相關融資發生呆帳爲主。接下來，一九三〇年年底紐約的「美國銀行」等大銀行也倒閉，到了一九三一年，加上國際金融的混亂，使破產的銀行快速增加。順便說明一下，一九二九年有六十五家銀行破產，但是一九三〇年則有一千三百五十家，一九三一年則有兩千兩百九十三家銀行倒閉，幾乎是成倍數增加。

到了一九三二年，內華達州州內全部銀行實行「銀行假期」，使情況演變到集體停止營業的狀態。這種變化快速蔓延至全國，隔年（一九三三年）三月四日，在羅斯福總統舉行新任總統就職儀式當天，美國所有銀行都關閉，事實上美國的金融體系已經瓦解了。一九三〇年至一九三三年之間，美國銀行當中有百分之四十三，近半數的八千八百一十二家銀行不得不關閉。

※RFC（國營復興金融公司）的誕生

面對這種情況，美國政府採取了怎樣的對策呢？一九三一年十月，胡佛總統爲了維持美國的金融秩序，成立了全國信用公司——NCC（The National Credit Corporation）。總統爲了對面臨危機的銀行進行融資，乃對銀行施加強大壓力，依據其存款額度，使銀行出資五億美元成立了該基金。但是，實際上只使用了五億美元中的五十分之一——一千萬美元的資金。因爲NCC的經營負責人捨不得將從大銀行手中所收集到的這些寶貴資金，用在救助這些小規模的金融機關。關於此事，胡佛總統也感慨地表示：「超保守主義，結果不得不面臨失敗的命運。」

在情況變得更嚴重時，胡佛總統接受聯邦準備理事會的提案，於一九三二年三月成立了國營復興金融公司——RFC（Reconstruction Finance Corporation）取代了NCC。第一次世界大戰時成立的國營戰時金融公司就是RFC的原型，在平時成立這種組織而讓國家來參與經濟活動，本身就很具劃時代的意義，反過來說，也可說是當時人人都視經濟大恐慌及金融不安爲一種戰爭狀態而嚴陣以待。

※金融體系的瓦解難以遏止

根據齋藤所發表的〈國營復興金融金司對銀行的救濟〉（《證券研究》八十二期）一文表示，RFC當初成立的目的是爲了使金融體系安定及救濟銀行。NCC是由民間出資成立的，RFC和NCC不同，RFC則是由公共資金成立的，其中包括政府出資五億美元之外，政府有權發行十五億美元爲限的債券，合起來共計有二十億美元的信用額度。一九三二年雖然貸款給銀行八億美元，但八億美元則相當於該年度破產倒閉銀行的總存款額，如果沒有成立RFC的話，或許將有更多銀行會倒閉。實際上一九三二年銀行倒閉的有一千四百五十三家，減少爲前一年的三分之二。

但是，RFC並沒有能力足以抑止這種大趨勢。當時主要是針對經營困難的銀行進行融資。而且，就融資件數來看的話，全體的百分之九十是以中小型金融機關爲融資對象，但是在最初兩年之內就金額看來，大銀行佔一半以上。RFC在最初融資的六千一百萬美元中，有四千一百萬美元融資給三家大規模的金融機關，其中一家銀行就是前副總統查爾斯·杜依所擁有的中央共和國銀行。中央共和國銀行雖然在芝加哥是擁有第三大

資產的大銀行，但是對電力持股公司英賽爾帝國進行融資發生呆帳問題，於一九三二年六月決定暫時停止營業之後，芝加哥的金融集團雖然接受RFC的融資，但情況並未見改善，結果在幾個月之後就正式停止營業了。由於對該銀行的融資並沒有取得充分擔保，因此被視爲政商勾結，成爲一大醜聞事件。

RFC初將融資對象集中在位於芝加哥、底特律等中部工業都市的大銀行，以防止金融不安的混亂局勢蔓延至全國。雖然對克里布蘭特這個地區最大的同盟企業聯合銀行及保衛者企業聯合銀行進行救濟融資，但也無法使其經營有所改善，只是延後其破產的時間罷了。此外，底特律地區的保衛者底特律集團下的兩大銀行雖然向RFC申請融資，但遭到拒絕，因「銀行假期」停止營業之後，就沒有得到再開業的許可而一直關閉至今。RFC也對在加州擁有據點、資產高達十億美元的西海岸最大銀行——美國銀行（Bank of America），進行九千五百萬美元的融資。美國銀行因此項融資而得以重新站起來，於一九三三年六月，將全部融資額還給RFC。

但是，這是個例外的例子，接受RFC大規模融資救助的銀行，大半以上別說改善其經營，反而更陷入困難的局面。結果，RFC的功能頂多使金融機關破產倒閉的日子延期，無法藉由融資以解救銀行的危機，RFC終於無法達成其初期所預定的目標。

※藉由發行優先股以重整金融

即使再追加貸款給經營體制不良的銀行也是無法挽救其銀行的生存，由於這件事所帶來的省思，RFC從一九三三年以後便改變其性質。一九三三年三月，羅斯福總統就職典禮同時，全國實施了「銀行假期」。在全國銀行停止營業期間，政府和金融當局對全國銀行的經營內容進行總檢查，將銀行分為「沒有問題的銀行」及「危險的銀行」，有百分之七十的銀行在「銀行假期」後，重新展開業務。但是，剩下的百分之三十，共計五千五百家就一直停止營業沒有再開業。羅斯福總統在這時成立了緊急銀行法，RFC有權可以取得優先股的股份。這是基於銀行經營狀態不安的情況會持續下去，景氣復甦仍遙遙無期的判斷，而計畫藉由銀行發行優先股使資本變得雄厚，以穩固經營根基，由RFC來承接優先股。本來RFC本身就是政府要參與經濟活動的一個具有創世性的組織，認購優先股表示政府機關參與民間金融機關的資本，所以具有革命性的意義。

話雖如此，但事與願違。因為銀行方面對於政府的介入也提高警覺，當初誰也不願發行優先股。但是於一九三三年六月，議會通過了「一九三三年銀行法」。在之前，如果銀行破產的話，存款完全無法受到保護，但是透過該項法案將之改爲，從一九三四年一月開始，若銀行破產倒閉，有兩千五百美元的存款會受到保護，因此設立了聯邦存款保險公司。接下來，爲了參加該存款保險制度，以銀行要處於「健全狀態」爲條件，具體而言，自有資本比率要達到百分之十。當時依然關閉未開業的銀行當然不能滿足此條件，大銀行當中也有的銀行無法滿足此條件。一九三三年秋天，RFC的喬治總裁在此事件的背景下，在芝加哥的美國銀行協會發表演說，力促銀行發行優先股，同時威脅銀行，如果銀行對企業無法改善「貸款困難」的問題，政府將取代民間經營銀行的業務。

如此一來，銀行方面也終於開始發行「優先股」。在鋼鐵重鎮的克里布蘭特，大規模的同盟企業聯合及保衛者企業聯合這兩家銀行雖然都希望能再度重新振作起來，但是最後仍被迫走上清算一途，由該地區第六大的克里布蘭特國家市立銀行來承接這兩家銀行的優良債權。當時因爲該市立銀行的資本金只有四百萬美元，所以變成增資爲一千萬美元，其中四百萬美元發行優先股由RFC來認購。這種情況如果在今天的話，則相當於繼承拓銀資產的北洋銀行的例子。

此外，紐約的國家銀行及國家市立銀行各別發行了五千萬美元的優先股，製造商企業聯合也發行了兩千五百萬美元的優先股，在芝加哥面臨破產狀態的大陸伊利諾銀行也因爲發行五千萬美元的優先股而解除了危機。

一開始發行優先股主要都是都市的大銀行，但不久這種趨勢也擴展到地方的中小銀行。看一下靠近北部工業地帶的威斯康辛州，在一九二九年末，該地區的銀行雖然有一千三百九十一億美元的資本，但是從一九三〇年開始到一九三六年爲止，其資本因損失及分紅而減少了九百二十九億美元，相當於四分之三的資本，透過增資而補足了六百四十三億美元。其中由RFC所認購的部分佔增資的一半以上，高達三百三十一億美元。如此一來，在一九三三年的「銀行假期」之後，營業的銀行雖然從九百三十三家減少爲四百四十五家，但是由於後來所注入的資本，有將近兩百家銀行因此而得以再度營業，到了一九三六年，甚至有六百零五家銀行可以營業。

RFC藉由融資對銀行的救濟雖然失敗了，但是藉由發行優先股而使金融體系再度恢復生機，在促進金融改革、重組這方面，扮演了很重要的角色。由於這成果，使RFC在之後不僅對金融機關進行貸款救濟，也對公共事業進行融資貸款，連帶對實體經濟產生

援助的作用，到了一九三四年開始對一般企業融資，在一九三七年不景氣的情況下，撤除了貸款限制，也允許購買有價證券，擁有投資銀行的特質。接下來，RFC在成立二十年後完成使命將解散該組織之前，政府所出資的資金幾乎全額還給國家，沒有花到美國國民的錢。

※日本金融體系的再建構

現在，我們再把話題回到自身的問題吧！爲了解除現今金融不穩定的情況，需要三個對策。第一是重建基礎的經濟。如果經濟不穩定，會立刻反過來對金融機關的經營造成影響。第二，務必要徹底改善金融機關本身的經營，個別的銀行如果不穩固的話，政府也無法毫無限制地對銀行伸出援手。第三是要如何有制度地去維持金融體系。第一個問題爲重新思考景氣對策，暫且先來討論第二、第三的問題。

※保護存款人的權益

政府及自民黨所提出的計畫是準備三十兆日圓的公共資金，以期能萬全地保護存款人的權益，同時希望能購買銀行所發行的優先股，而使所謂「貸款困難」的事消失。

從保護存款人權益的角度看來，存款保險制度在金融機關破產時，可以保護每位存款人一人一千萬日圓的額度。因爲當前處於非常時期，所以到了二〇〇一年三月爲止，即使超過一千萬日圓的部分也將全額保障。但是，由於最近大規模金融機關倒閉事件的發生，恐怕會造成存款保險機構的財源掏空，因此必須事先準備這部分的資金。金融不安一旦蔓延開來而發生擠兌時，恐怕連經營健全的金融機關都會走上破產倒閉之路。因此，如果金融機關一旦破產，甚至要公布財務狀況以保證將保障全額存款，防止存款者人心惶惶。當然，實際上如果金融機關持續破產的話，這筆資金將作爲保護存款人存款的基金之用。

在目睹現今這種嚴酷的現實情況，有關保護存款者權益的看法雖然少有異議，但是由於認爲存款保險基金是用於救濟銀行的這種誤解，使批判的議論不斷，的確有議論主張讓銀行還清全額度的借款而倒閉的說法。

因此，我們要先思考一下現實情況下銀行破產這件事。舉例而言，銀行如果破產，讓銀行實施還清全額借款的話，存款人超過一千萬日圓部分的存款也拿不回來，而且在

保護額度以內的存款在可領回之前也需要花一段時間，如果有急需用錢的人在此情況下就會發生問題。此外，利用該金融機關的票據結帳的公司及商店的支付及決算，也會產生問題，容易引發利用者本身的信用不安，甚至恐怕會引起銀行連鎖倒閉的事件。

更進一步，金融機關彼此之間有相互依存的關係，金融系統如同是鑲木工藝品，把其中一根鑲木卸下後，整個工藝品就會徹底壞掉，如果哪家銀行陷入僵局的話，其他的金融機關因爲多少和其銀行都有交易，所以必定也會受到波及。何況，日本不是採每天交易就結帳的立即結算制，而是到一定量的交易再作總結帳，舉例而言，到月底結算，金融機關一旦突然倒閉，就會產生無法結算的交易。在過去曾經捲入醜聞事件的ＢＣＣＩ這家金融機關破產，和該金融機關有交易的日本銀行由於無法結算，變得十分緊張，現在恐怕會發生和當時完全一樣的問題，財政部之所以會提出到二〇〇一年三月之前不還清全部借款的方針，也因爲較慢確立此制度之故。

總而言之，銀行破產事件會對社會造成很嚴重的影響，所以，即使是美國，實際上僅止於規模相當小的金融機關採清算制，規模較大的金融機關則採取像日本的措施，以努力使其影響達到最小程度。的確當金融機關陷入僵局時，當然會去追究其經營的責任問題，但是即使因爲經營者是傻瓜而導致經營不善，也不會就此讓該銀行倒閉。問題在於經濟的問題、實務處理的問題，無法將該問題換成道德論來探討。

※優先股的認購

這次對策的第二個支柱就是存款保險機構可以購入銀行所發行的優先股。這是針對要改善貸款困難問題而提出的對策。銀行爲了維持經營的健全性被要求要維持在一定水準的自有資本比率，但由於股價低迷使資產額大幅縮水，所以貸款額度也大大減少。這個問題已經在本書的第三章討論過，在此再度簡單地說明如下。舉例而言，負責國際業務的銀行被要求要維持百分之八以上的自有資本比率，從另一個角度看來，其融資額度就是資本的十二點五倍。假設自有資本是四千億日圓，則其貸款額度就是五兆日圓。資產如果減少百分之十，變成三千六百億日圓，則其貸款額度就減少爲四兆五千億日圓。總而言之，因爲資本減少了四百億日圓，就使融資額度減少其十二點五倍的數額。反之，發行優先股彌補其所縮水的四百億日圓資產的話，就能夠創造出十二點五倍的五千億日圓融資額，以創造信用。

順便說明一下，優先股的股東雖然沒有表決權，但取而代之的是先於一般的股東享有分紅的權利，公司解散的時候可以優先得到財產的分配。總而言之，優先股的股東是「可以拿到錢但是不可以張口說話」。政府既要拿到錢又要張口表示意見，則銀行就會變成國營企業。因此，發行優先股的話既可以避開成爲國營企業的這種批評，對銀行而言雖然多少得花一些成本，但是可以使經營穩定。

※優先股是否能充分活用

關於這個構想有各式各樣的議論，從贊同及反對的立場提出來。就結論來說，筆者認爲如果考慮現今情況的嚴重性的話，應該早日採行。有關反對認購優先股的意見，包括對政府參與個別金融機關經營的疑問，及難以選擇該購入哪家銀行所發行的優先股才好，唯恐救助到原本應該使其破產倒閉的金融機關，恐怕會造成銀行經營者精神恐慌等不勝枚舉。

這次的對策，不必說當然是以經濟大恐慌所成立的RFC爲基礎。在美國也展開相同的議論，結果對發行優先股的金融機關，要求滿足下列四個條件：一、追究既有股東的責任，首先以既有的資本盡量來償還損失，採取暫時減資再增資的措施。二、追究經營責任使經營者下台。三、優先股有義務要分配百分之四的紅利。四、要累積純利的百分之五十作爲優先股的股利基金。

麻煩的是，即使這些道理都很正當，但是愈嚴格規定這些條件，愈沒有金融機關願意發行優先股，恐怕制度本身將變得失去意義。從美國的例子也可以清楚得知，因爲經營情況不良的銀行，即使拿出錢來也沒有任何意義，所以重點在於使經營沒問題的有力銀行發行優先股，以增加融資額度才合邏輯。但是，本來有能力的銀行自己就能夠準備足夠的資本金，何況追究經營責任只是事後的問題。

銀行的資本裡包括發行股票而調度到的資金I以及包括把股票的帳面利潤等計算在內的部分II，股價下跌時，II部分的資本就會縮水而產生資本不足的問題。這部分約有十兆日圓，如果把這部分金額全部都換成優先股的話，即使股價再怎麼跌，銀行也不會產生自有資本的問題，而能杜絕股價下跌→自有資本比率降低→貸款困難→景氣低迷→股價下跌的惡性循環的產生。保護存款者權益的措施，因爲是在發生經濟混亂後爲了解決問題而採取的手段，所以換句話說是消極的對策。相對於此，發行優先股的手段則是

以優先股爲槓桿，期能積極促使景氣上揚的具前瞻性對策。如果不能更鮮明地活用這個目標的話，只會變成有好對策而不會運用，而無法使出錦囊妙計。歐美一流銀行的自有資本比率超過百分之十以上，如果沒有這樣的能力則無法禁得起國際市場上激烈的競爭。因此，財政部在作行政指導時，鼓勵推動國際業務的銀行一定要維持自有資本比率在百分之十的水準，而非ＢＩＳ（國際決算銀行）所規定的百分之八，採用這種誘導性政策，需要花很多工夫。

※針對貸款困難對策的充分條件

政府推出一連串使金融體系安定化的政策，也包括了早期更正措施運用的彈性化，但是在此方面有很多疑問。早期更正措施是爲了促進金融機關經營的健全化，如果是正規的金融機關的話，因爲知道懈怠而沒有努力達成目標，市場便會立刻還以顏色，所以不能輕易放寬融資基準。銀行重新評估融資內容一事本身並沒有錯。即使是強迫提高融資額度以增加融資也是不合理的，藉由企業自己的努力使金融機關變成利潤能夠增加的體質，自然會使融資額度增加，這樣才是合理的。而且，早期更正措施的緩和是以只經營國內業務的金融機關爲對象，經營國際業務的大規模銀行則不在對象範圍之內。本來是這種大規模的銀行才對經濟有大的影響力，而非地方性的小銀行。以這種對經濟沒有影響力的小銀行爲該措施的對象，怎麼能成爲解決貸款困難問題的對策呢？

保護存款人的權益也好、發行優先股也好，都不過是促使金融系統安定化，以及作爲解決貸款困難對策的必要條件而已。雖然這些對策是必要的，但是這樣還不夠。儘管自有資本很充實，也不能亂放款，這是個很簡單的道理。重建基礎經濟、努力使景氣恢復，才能使這些對策增加效果。

基於這些觀點，筆者想建議的是，政府要成立公共機構，使用財政融資的資金，購買銀行及建設、不動產業界等所擁有的土地。這土地是銀行放款時的擔保物品，後來因爲呆帳而擁有該土地，但是因爲賣不出去而一直持有，雖然不動產業者可以向銀行購買該土地，但是因爲土地價格一直持續下跌，所以這土地怎麼也無法處理掉。舉例而言，銀行在處理不良債權會累積抵押金。但是，因爲這種土地難以處分，所以無法確定其損失，這不良債權的累積將使經營效率變差。想想，以現在的價格可以買很多便宜的土地，如果公共機關爲將來作準備先將土地買下來的話，反正早晚都能將土地活用於都市

的再開發，而且土地一旦增值，把土地賣掉也可以得到不少利潤。此外，銀行也可藉此跨出一步以解決不良債權的根本性問題，財務投資可作更有效率的運用，眞可謂是一石三鳥之計，不是嗎？

※「平成銀行」的構想

美國的情形是，當重整金融體系時，因爲「銀行假期」而將銀行分爲可以繼續生存下來的銀行及不可以繼續存續下來的銀行。接下來，便選擇將資本投入於有能力的銀行，而使該銀行恢復活力。

日本的情況雖然遲早也會走上這種過程，但是問題是要花多少時間？我們必須在極短的時間內將這種麻煩完全解決妥善。有機會繼續再生存下去的銀行，暫時可以透過發行優先股等方法解決其問題。然而經營狀況不良，無法繼續生存下去的金融機關，該如何處理呢？雖然不是骨牌效應，但是如果有一個不穩的棋子，稍微一有動靜就會立刻倒下，也會使其他的棋子應聲倒下。因此，爲了使金融系統不要發生骨牌效應齊聲倒下，如果能把經營不善的銀行徹底剷除掉就好了。話雖如此，但是能繼續生存下去的銀行及不能繼續生存下去的銀行之間的挑選，並非由政府來決定，而是得由市場來決定。但是，因爲市場多少有些粗糙的部分，所以難免會有不夠靈活的情況發生。

如果仿照昭和恐慌時成立經營不善金融機關的避風港——「昭和銀行」，而成立「平成銀行」的話又如何呢？昭和銀行於金融危機最嚴重的一九二七年（昭和二年），由大規模的民間銀行出資成立，該銀行吸收已經破產倒閉停止營業的六家銀行，及雖然仍在營業但經營得不是太順利的五家銀行，而負責執行普通銀行的業務。在設立兩年後出現利潤，四年後開始分紅，一步步順利走來，在一九四四年（昭和十九年）因爲處於戰時體制下而被安田銀行（現在的富士銀行）吸收合併。平成銀行的機能和特質和昭和銀行一樣，經營不善的銀行如果也早一些發出求救訊號的話，就會以被吸收合併的方式由平成銀行來救濟。

在不安定的經營根基之下，即使是奮力掙扎也只是陷入一片泥淖之中，所以在有信用的銀行保護下，徹底重新再站起來會比較快脫離危機。對於經營者而言，與其在市場上成爲窮途末路的失敗者，毋寧願意選擇能光榮的撤退來得明智些，而且最重要的是，如此一來會促成金融體系的安定。如今也有重組「整理回收銀行」的方法，由民間來成立一個類似「昭和銀行」的機構即可。難道沒有銀行能夠推動這個構想嗎？

※國營銀行？

假設重組有公共資金在其中的「整理回收銀行」而成立了「平成銀行」，就會成爲「國營銀行」。筆者認爲也應該將此構想列入討論。實際上在一九九〇年代初期，北歐各國因爲產生了嚴重的金融危機，而採用國營化的對策。瑞典將兩家破產倒閉的銀行國營化，芬蘭中央銀行的子公司則購併了經營惡化的銀行。爲了恢復金融機關的信用，最直截了當的辦法就是以國家的信用爲後盾，促進經營的合理化及處理不良債權問題，等銀行健全後再度將之民營化即可。

此外，即使不舉外國的例子，日本郵政存款的資金也大量轉移，現在郵政存款也都加強大規模國營銀行的後盾。美國的情況是如此，在經濟非常不景氣的時候，郵政存款對於金融體系的安定發揮了很重要的作用。如同在第一章所提及的，當時資金大量從銀行轉移到郵政存款，尤其是銀行倒閉愈多的州，這種變化更明顯。把錢存在銀行的時候，資金狀況不穩定，但是當資金流進郵政存款時，資金找到位置不再發生變動，金融體系整個也恢復穩定。順便說明一下，美國的情況是克服經濟大恐慌的問題，使經濟恢復原本的活力之後，這些資金再度從郵政存款回到了銀行，於一九六六年郵政存款的使命宣告結束。銀行的國營化是比我們想像的還要現實的問題，並非荒唐無稽之論。

無論如何，思考金融體系安定的問題的關鍵，與如何判斷現今的經濟及金融情勢有關。如果情勢沒有太過迫切的話，也容許我們說三道四，慢慢地議論。但是，一旦情勢危急，則我們就沒有閒工夫繼續滔滔不絕地作議論了，如果火災都蔓延到隔壁了，總要先努力澆水滅火才是最重要的。在那時沒有閒工夫去議論發生火災的原因爲何，而且如果還在空談滅火的方法，則是太愚蠢了。不就事論事且作深入探討的話，則將淪爲膚淺的爲了議論而議論的情況，那將十分令人擔憂。

三、財政均衡的圈套

※龐大的供需差距

要解決泡沫經濟的瓦解、經濟蕭條的問題，無論如何都無法避開供需差距的問題。總而言之，隨著泡沫經濟使經濟膨脹而增加生產設備及人員等，但是由於泡沫經濟瓦解而使消費者的購買力減少，購買意願大大減退，產生了龐大的供需差距。爲了減少這種差距，企業得促進組織改革，家庭爲了使收入及支出及貸款保持平衡，則盡量節約過活。這種變化使經濟活動變得愈來愈小，而演變爲經濟大蕭條。

在經濟大恐慌時，最嚴重的問題就是這龐大得供需差距。卡魯費斯認爲，美國在一九二九年時喪失其經濟力的原因是之前過剩的投資。「在一九二〇年代，資本財的生產繼續以年率高達百分之六點四的水準增加。結果這種龐大的投資引起了問題。發生（景氣衰退等）問題時，無法期待能自動地增加消費支出以減少供需差距。」（《經濟大恐慌》）

道納魯德．摩古里奇對於這種供需差距的龐大表示：「一九三〇年代的經濟大恐慌，需要比第二次世界大戰之後實施馬歇爾計畫還要更大規模的財政支出。」（《十分不景氣之下的世界》）接下來保羅．佛魯卡表示，在第二次世界大戰之後，美國爲了使歐洲經濟復興所採取的援助計畫、馬歇爾計畫，在最盛時期投注了當時美國百分之二的GNP，換成現在的貨幣則相當於每年一千億美元／十二兆日圓的金額。總而言之，有如此巨大的供需差距。

如同我再三提到的，這種差距除了透過第二次世界大戰所產生的軍事需求以外，無法消除這巨大的差距。

根據經濟企劃廳的試算，日本的供需差距在一九九三年第四季從百分之三點九八的谷底漸漸回穩，在一九九七年第一季時，甚至縮小到百分之零點七爲止。但是，到了第二季時又一口氣跌到百分之四點八三，成爲泡沫經濟瓦解之後情況最差的局面。因爲在一九九六年還只有百分之三的差距，所以明明有這樣的實力，卻因一時需要的反彈造成生產的活絡，導致政府政策錯誤而結下苦果。

OECD（經濟合作暨開發組織）於一九九七年所公布的經濟預測認爲，日本的供需

差距爲百分之二點八。日本的GDP有五百兆日圓，所以如果有百分之三的供需差距，則每年就必須彌補十五兆日圓之多。

※現在正是採用凱因斯學派的政策之時

經濟大恐慌時的教訓之一是——「在金融政策陷入僵局時，正是財政應該有所行動的時機」，於是採取了所謂凱因斯學派的政策。保羅．庫魯古曼說，沒有一個國家像日本一般需要採取凱因斯學派的政策。我也認爲的確是如此。約翰．A．加拉弟提到有關於經濟大恐慌時的均衡預算神話，表示：「可以充分地從經濟大恐慌學到教訓，現在採取這種行動只會使經濟大恐慌的情況更加惡化，這是很清楚的事。我們的領導人物不能再犯像過去那樣的錯誤。」（《世界恐慌》）但是，從一九九七年由於採取緊縮財政所造成的失敗就可以得知，實際上一點也沒有活用過去在歷史上所得到的教訓。

所謂「在金融政策陷入僵局時，正是財政應有所行動的時機」的教訓，也並非以普通的手段就能得到這個結論。雖然藉由羅斯福總統所採取的新政，而使人認識到財政所扮演的角色，及新政也扮演了恰如其份的角色，但這是絕對不夠的，結果是由於戰爭才使財政能充分發揮作用，進而眞正確認其有效性。我們一邊回顧當時人們是如何思考有關財政問題，一邊看看我們現在所面臨的難關。

※對均衡預算的信仰

在今日這雖然令我們再度感到相當驚訝，但是在當時人人對於「均衡預算」有很執著堅定的信念。不只是美國，幾乎所有國家在經濟大恐慌時，都首先以均衡預算爲目標，削減財政支出的同時採取增稅的制度。

胡佛總統不斷宣揚均衡預算的重要性、赤字財政會損傷政府的可信度，在羅斯福接任總統時，胡佛對羅斯福總統要求，「既不要讓美元貶値，也不要造成通貨膨脹」，此外還要求「要維護均衡預算」。羅斯福總統雖然拒絕了胡佛這種魯莽的要求，但是對於財政問題基本的看法和胡佛仍是大同小異。我讀了由威廉．托魯方特及沃底爾．卡欽古斯所合著於一九二八年出版的《走向富足之道》，讀到了所謂「在看到企業開始惡化之時，應該擴大公共支出」這一段文字，我在空白處寫下眉批「沒有那麼簡單的事。無法平白無故就能有所收穫的」。在選舉時，羅斯福批評胡佛的作法是以「大規模政府」爲目標，作

出過多的政府支出。羅斯福總統在就任爲總統時，一開始所作的努力之一，就是爲了重建國家財政而提案削減五億美元的聯邦支出，以達到「小規模政府」的目標。

羅斯福總統在實行新政初期，雖然成立了公共事業局而參與公共事業的推動，但是自己並不認爲公共建設能在復興產業方面扮演重要角色，而被任命爲公共事業局負責人的哈洛魯德·依契斯也很慎重地經營該局，所以無法達到刺激經濟的效果。另一方面，爲了要促進救助失業者的事業，羅斯福要求有「經濟蕭條大臣」之稱的預算局長路易斯·道格拉斯，要一直盯住主張政府及內閣大幅支出論之人。

雖然積極財政有很多地方被視爲是新政政策的象徵，但是實際上也未必如此。羅斯福繼續堅持均衡預算，眞正下定決心採取所謂積極財政是在一九三七年。在本書第三章已提及其轉換的經過，在當時最大的問題是決定將政策轉換爲積極財政。

※轉為積極財政的關鍵

一九三七年面臨「經濟大恐慌中的恐慌」時，政府內部主張繼續沿用財政均衡政策的財政部部長摩根索，及主張爲了恢復景氣即使使用赤字財政也在所不惜的聯邦準備理事會主席馬利那·耶庫魯斯彼此之間的意見相對立，結果由耶庫魯斯說服了羅斯福。總統於一九三八年四月十四日的一般咨文中，清楚表明採用「赤字財政」，於六月議會同意三十七億五千萬美元的追加支出，一九三九年度的支出最後比前年度增加了百分之二十，高達九十三億美元之多。羅斯福於一九三七年四月表示，「爲了達成財政收支均衡，即使使社會的改革有所停頓也在所不惜」，亦即所謂的「財政重建宣言」，之後僅僅一年就政策大轉換。財政支出的效果立竿見影。景氣在短期間之內快速復甦，脫離了最低迷的時期。藉由財政轉換而對實體經濟發生刺激的作用，同時由於下定決心更改政策而恢復人民對經濟的信心，這個效果也是很大的。

只是，雖然由於「經濟大恐慌中的恐慌」爲轉機而轉採積極財政的方針，但是並非持續像凱因斯學派的大規模支出，實際上一九四〇年度的歲出和前年度相差不大，停留在九十億美元的水平。羅斯福總統視情勢的變化而採因應的對策而已，絕對不是採取凱因斯學派的政策。羅斯福雖然和凱因斯於一九三四年五月二十八日有過一次會晤，但是彼此的感覺並不是十分投契、愉快。據說羅斯福總統在晤談之後抱怨道：「凱因斯只留下一堆莫名其妙的長串數字。他一定不是位政治經濟學家，而是一位數學家。」

羅斯福總統是在第二次世界大戰開始時採取凱因斯學派的政策，尤其是在一九四一年納粹德國攻陷巴黎，使得歐洲戰場情勢更加緊張之後。一九四一年度的歲出爲一百三十七億美元，比前年度增加了百分之五十，接下來在一九四二年度的歲出爲三百四十二億美元，一九四三年度則快速膨脹爲七百九十七億美元，一九四五年度的歲出則成長爲九百零五億美元，是二次世界大戰爆發前的十倍。

※由於反傳統想法的轉變

有趣的是在一九三八年，說服羅斯福總統轉變固有財政政策的耶庫魯斯，爲什麼會提倡被視爲異端邪說的「赤字財政論」呢？他不曾讀過凱因斯的著作，據說是光憑自己的看法作判斷。他本來是猶他州的一位銀行家，作爲一位地方的銀行家，他以敏銳的觀察力洞察經濟，感覺當時的不景氣並非單純的景氣循環問題，而強烈地感受到此不景氣的嚴重性。他並沒有受過大學教育，或許因爲他沒有非堅持不可的正統經濟學、經濟觀，反而是幸運的。或許該說他虛心坦誠，也許是因其單純無雜念的堅定立場，使他有這種判斷力。

總之，所謂均衡預算的想法是「並非一種信念或怎樣的想法，毋寧說是像法則一般的東西。在過去單純時代的想法，已經不能適用於像一九三〇年代這樣日益複雜的社會」。卡魯費斯在《經濟大恐慌》一書中，將均衡預算的想法稱之爲「貧乏的經濟知識」。

當時的人們之所以會執著於均衡財政，是因爲在第一次世界大戰之後曾經經歷了通貨膨脹。即使連相對比較安定的美國，和戰前相比，其物價都上漲了百分之四十至六十，而且通貨膨脹最嚴重的德國在一九二三年時，報紙的價格甚至還漲到高達兩千億馬克的天文數字。人人對於通貨膨脹恐怖的記憶還彷佛昨日歷歷在目。通貨膨脹使人們變得墮落、不道德，使國民喪失對政府的信賴，使經濟大恐慌的情況更加惡化。這就是當時人們對於通貨膨脹的認識。經濟學者阿爾彬·韓生於一九三二年所出版的《在不均衡下的經濟安定》中斷定：「透過所謂通貨膨脹這種舒服安逸的方法，無法解決經濟大恐慌的問題，只有透過努力工作及伴隨著痛苦的調整，才能夠脫離經濟大恐慌的困境。沒有其他的代替方案。」在這種時代下，即使說「在不景氣的時候不可以採取通貨緊縮的政策」，事實上也只會被當作是笑話而已。因此，在這時代裡仍毅然主張「赤字財政」的

馬利那・耶魯庫斯才是最慧眼獨具的。

順便說明一下，這位耶魯庫斯將美國的中央銀行建立爲今天的模樣，在卸任聯邦理事會主席一職之後，仍繼續在各領域展現其活躍的才華，於越戰開始爆發時，作爲經濟人最早表明反對戰爭，將其硬漢的風骨表現得淋漓盡致。

※凱因斯沒有死

話說，當今日本所非做不可的是什麼已經很清楚了。就是停止採取錯誤的緊縮財政。第一，日本經濟只靠民間活動是無力使景氣自然恢復原有生機；第二，因爲在通貨緊縮的經濟下，金融政策有其界線，只能出動財政政策。有關第一個問題，如同在本書第三、第四章討論過的一般，日本已經陷入經濟蕭條的圈套，沒有討論其對策必要性的餘地。

至於第二個問題，雖然金融政策的確有其機動性，但是對於要彌補經濟蕭條最根本的巨大供需差距問題而言，金融政策只有間接的影響力。因此，首先必須要透過財政支出以彌補供需差距，藉由這種努力以引出民間的力量。如同理查・庫所指出的，在泡沫經濟瓦解之後所採取的金融緩和政策之所以無效，是因爲對利率敏感的建設、不動產業界因泡沫經濟而受到徹底打擊，即使稍微調降一點利率，也沒有採取積極因應對策的餘地。

但是，橋本首相也好，財政部也好，堅決不改變其反對出動財政政策的頑固態度。其理由乃是因爲，在泡沫經濟瓦解之後，包括一九九七年的對策在內，採用了七次經濟對策，雖然投下了總額超過六十兆日圓以上的資金，景氣也無法恢復，只是徒增財政赤字而已。財政部綜合過去的對策認爲凱因斯學派的手法是不正確的，此外全面推出財政重建路線。然而橋本首相完完全全附和財政部的說法。

如果讓我來說的話，財政部並不充分了解其主張所謂的凱因斯學派的手法。在過去並沒有透過財政支出而使景氣徹底恢復的成功例子。即使在經濟大恐慌時，如果沒有發生戰爭的話，也不會把凱因斯學派的政策當作教科書的範本般完全採用。把不存在的情況當作假想敵，而提出「凱因斯已經死了」這種做法是錯誤的。的確在戰後及高度成長期時，如果實施公共事業的話，其波及效果及相乘效果很大，所以立刻就能使景氣恢復。但是，那是因爲日本當時處於開發中國家的階段，基礎設施比較落後，所以公共事

業的波及效果、經濟效果很大。如今已成長爲經濟強國，既然已是成熟的社會，古典支出就無法發揮效果。

問題在於資本的用途爲何，而不在於因爲提出景氣振興方案而花錢一事的對錯。像是整頓幾乎無人使用的道路及港灣，這種公共事業顯然不會有任何經濟效果，但卻無法抑止政治家的無理要求，而繼續推動這種事業。在一九九八年度的政府預算案裡，決定廢止使用再三整頓的農道機場的情況，這即是浪費支出的例子。當初以「使新鮮的農作物能更早運送到都會」爲口號，同時也能成爲小型飛機跑道，基於這些目標，從一九八八年開始花了一百億日圓在全國八個地方完成了豪華的農道，但是結果也沒有人利用這些農道，使這些設施變作毫無意義，因而廢止該制度。我並不是反對節約之人，而且還認爲要更嚴格追究經費的去向。但是，日本的財政問題在於這種經費支出的審查、斟酌，作爲經濟政策，議論這種財政支出是毫無意義的說法。

過去還投資了六十兆日圓的資金，如果沒有這些資金，日本經濟或許會跌到過去的谷底吧！我們環顧周圍，也可看到像公園及下水道等須整頓的社會資本領域處處皆是，而且針對邁向二十一世紀的情報化投資能和美國分出高下。有許多領域都是非做不可的。如果財政是那麼沒有作用的話，就應該迅速卸除政府的工作，財政部也可以關門大吉了。結果只不過是提出以重整財政爲目標的財政部的強辭奪理罷了。對我而言，難以理解的是，大眾傳播媒體及經濟學者因爲附和「凱因斯死了」這種錯誤的宣傳運動，大大誤導了日本所當行之道。

※減稅及首都移轉

面對當前的問題，我想提出的對策是減稅及首都移轉。當所謂推行公共事業這種古典學派的作法都清楚地行不通時，只能透過減稅而把民間的活力吸引出來。大幅度的減低所得稅及法人稅。此時必須基於長期性稅制改革的觀點來考慮，而非基於一時性的減稅來思考這問題。

如果是法人稅的話，甚至必須要下降到國際水準。若是日本的法人稅還像現今這樣高的話，企業爲了能夠生存下去，不管願不願意都不得不向海外發展。至少基於這個條件，爲了不造成國內產業空洞化，必須藉由降低法人稅使日本的製造業留在日本，以確保國內的雇用。

再者，透過所得稅的減稅能稍微使消費增加，藉此可期待刺激景氣復甦的效果。同時要重新評估直接稅及間接稅的比率，也就是把稅賦從所得稅比重過高的稅賦體系轉移到間接稅的課題。總而言之，一方面大幅降低所得稅，如果能達到促進恢復景氣的目標的話，也需要同時將提高消費稅列入考慮。此外，雖然現今的所得稅稅率是採累進稅率，但是也需要將這累進的稅率變得更緩和些。因爲，如果採取累進稅率的話，在所得持續增加的時候稅收也增加，反之，所得減少時，稅收就會大大減少，存在這種問題，也是這次會造成歲入不足及財政破產的原因之一。累進稅率是基於所得會一直增加而不會減少這種前提下所制定出來的，換句話說是通貨膨脹思想下的產物。未必要實行所得稅的累進課稅法才能使有錢人及窮人的所得重分配，舉例而言，如果強化資產課稅的話，也能達到這個目的。

或許有人會認爲首都機能移轉是公共事業的延伸，但並非如此。這不是光將首都機能作物理性轉移而已，而是藉由移轉的契機，使日本政治及經濟體系做完全地革新，將首都移轉定位爲日本構造改革的象徵。

舉例而言，如果將政府機關從東京遷往離東京較遠的地方的話，爲了取得許可，必像以前一樣，雖然覺得麻煩，但也得天天到政府機關去辦理。因此，這時就能和政府機關沒有關係而能徹底地放寬限制。此外，政治和經濟中心分開，就如同華盛頓及紐約的關係一樣，所以能著手整頓到目前爲止政治和經濟無法有系統配合的問題。最重要的是，可以減輕東京人口過密的負擔。東京再具有魅力，一旦成長爲這麼大的都市，其維持該都市的成本變得十分高昂。連水問題、垃圾問題都已達到能力所無法解決的界限，這事是大家都很清楚的。即使如此，都市部的建蔽率依然增加，把人集中在東京這種想法究竟是從何而來的呢？雖然環境保護問題是走向二十一世紀所須面對的最大課題，但是幾乎都是做和這背道而馳的事。如果將這些矛盾藉首都機能移轉的契機而一次解決掉的話，會變得如何呢？雖然也有人爲了首都機能移轉需要花費高達十二兆日圓的成本而躊躇不前，但是爲了彌平現今日本經濟所擁有的龐大供需差距，以及將這些費用視爲重建國家而作佈局的成本的話，這筆花費就不算太高了。

四、著眼於構造性的問題

※描繪將來的藍圖

包括金融和財政這種目前的問題，我們需要有能具前瞻性的對策。那即是需要透過促進社會改革而完成邁向二十一世紀的藍圖，基於這藍圖促進改革。如果今日的困境只是單純地反覆好景氣及景氣不好的循環問題而已的話，或許過去的方法就足以解決了。但是，這次的不景氣使日本的環境大大發生變化，日本本身也被迫要作轉變，是屬於構造性的問題，而非景氣循環的問題。

如今有很多人對未來抱持著無法形容的不安。自己的工作將來會變得如何？退休之後是否能夠領到年金呢？能夠繼續接受這種醫療保險的福利嗎？老年之後將由誰來照顧呢？內心擁有這種不安的人，就沒有理由大方地消費。一般人的感覺是，最重要的是要爲不時之需作準備，儲蓄是很必要的。因此，最重要的景氣振興方案是政府要針對國民所抱持的這種問題點作正確的說明，此外要提出未來的遠見以消除人民的不安，這方法看來似乎像是繞遠路，但卻是最重要的。橋本龍太郎首相所想推動的改革，完全無法掌握住日本將來將會變成怎樣的社會的模樣。究竟我們的社會將朝向哪個方向，將會過怎樣的生活，需要有政府保證的明快視野，而不僅只是一個議題而已。

在經濟大恐慌時，羅斯福的新政對這些問題提出一個答案。因此讓我們再回到當時的美國。

※推動社會改革的美國

在經濟大恐慌時，羅斯福以新政所作出的回應是以景氣振興方案之名，徹底使美國社會作一改革。

舉例而言，爲了促進公共事業的推動而成立的CWA（Civil Work Administration，公共事務管理局）修築了五十萬英里的道路，設立了四萬所學校，新蓋了三千五百個運動場，還興建了一千個飛機場。之後成立了WPA（Work Progress Administration，就業促進局），更進一步建設了兩千五百家以上的醫院，興建了五千九百處校舍，整頓修建了一千

處機場用地，興建了一萬三千個運動場。如此徹底實施整頓所謂社會及經濟的基層設備。由於這種體制的完成，使得在第一次世界大戰時傾全力參與作戰能充分發揮效果，也促使戰後的繁榮。

藝術活動也是新政所支援的對象。ＷＰＡ組織巡迴劇團，使之前無法前往參觀劇場表演的人也能欣賞到戲劇演出，在四年之內觀眾甚至增加到三萬人，貧困之人也能接受到藝術的薰陶，使內心得到休息。此外也擬定計畫委託作家執筆寫作，甚至完成了一千部以上的作品，其中也包括出版了當時美國五十一州的旅遊指南在內。透過藝術計畫而向失業的藝術家預約作品，使其有工作可做，向音樂家訂購其作曲的成品，向畫家訂購繪畫的作品。後來在美國的現代美術領域留下重要足跡的國吉康夫也好，威廉·狄·庫寧古、傑克遜·波羅庫也好，都是因此而找到工作的。此外，有兩百五十萬人次以上的青年參加ＣＣＣ（Civilian Conservation Corps，民間國土保全隊），參與國土保全的事業，在四百萬英畝的土地上種植樹苗，在河裡放生十億條魚苗，完成三萬處以上的露營設施，使南北戰爭及獨立戰爭的戰場恢復原狀。四百萬英畝的面積幾乎相當於一萬六千平方米，等於日本岩手縣這麼大，美國一半以上的植林事業都是當時ＣＣＣ所完成的。

※從出生到死亡

一連串新政措施當中，最重要的莫過於社會保障制度的確立。所謂「從出生到死亡」這一句名言，的確是由於羅斯福而產生的，甚至可說是新政的代名詞。根據羅伯特．華古納所推動的社會保障法，到了六十五歲以上就可以領取退休年金，還重新完成了在經濟大恐慌之前所不存在的失業保險制度、工會有政府作為後盾，社會清楚地認識這一切制度。

在經濟方面把重點放在金融制度的改革。從金融危機的教訓中成立了國營聯邦存款保險公司，在銀行破產倒閉的情況下，也能保護小額存款人的權益。此外，將相當於美國中央銀行的聯邦準備制度組織修正爲現在的形態，而且由於泡沫經濟的瓦解，使銀行和證券公司之間不透明的關係明朗化，爲了杜絕這種情況發生，禁止兩種事業的兼營，也新設立了監視內線交易等股市不正當交易的證券交易委員會。

一九二〇年代的美國，雖然已經相當繁榮了，但是像貧富差距擴大等很多問題都浮出檯面。儘管如此，但是並沒有社會生活的保險閥。筆者認爲，新政最重要的措施並不

在於採用所謂凱因斯學派的積極財政以因應不景氣的局勢，而是實施了這一連串社會政策、社會改革。羅斯福的財政政策並不充分，因此無法使經濟大恐慌畫下休止符。但是，由於這一連串的改革，使社會紮下穩固的根基以邁入下一個時代，並且爲戰後「富裕的美國」打下穩固的根基，這才是羅斯福總統最重要的功績。

※信賴的恢復

反過來想一想，我們現在的處境和當時的美國眞的很相似。總而言之，在戰後持續引發了包括政治、經濟在內的社會體系制度疲勞症，在國際化的情況下，已經無法充分發揮該體系的機能了，因此有必要重新建構該體系。橋本首相雖然大大標榜自己所提出的六大改革，但是究竟是以什麼爲目標來思考日本的遠景呢？這就不得而知了。如果橋本首相能好好地將自己所提出的問題內容再整理一次，用自己的語言向國民說明就好了。

我認爲，在推動改革之際，最不可或缺的是，要使國民恢復對政治及行政的信賴感。現在，國民既不信賴政治人物，也不信任官僚。在泡沫經濟瓦解之後的不景氣，政府始終作了錯誤的判斷，誤導了國民。政府當局雖然不斷表示「不用擔心景氣問題」，在一九九七年經濟白皮書中保證「已經克服了泡沫經濟的後遺症」，但是結果卻是如我們所看到的一般，日本經濟陷入了經濟蕭條的陷阱。雖然不斷申明「不必擔心金融機關的經營問題，二十家大規模的金融機關不會倒」，但是拓銀卻倒閉了。日本金融機關的下場最後變成依照週刊雜誌所預測的情況，週刊有時小題大作，有時將內容報導得十分可笑，甚至外國的評鑑機關對日本的金融機關擁有生殺大權，山一證券公司的破產就是最佳寫照。然而，外國政府比日本政府更擔心日本的情況，而且更了解日本的事情。在此情況下，還發現財政部金融檢察官貪污事件，人民對官僚的信任度降到谷底了，誰都不會信任上司所說的話。政治家也好，官僚也好，都應該嚴酷地面對這種可怕的下場。

橋本首相也應該弄清楚自己的責任，承認到目前為止政策的失敗，善加說明什麼政策是怎麼弄錯的，此外應該再重新提出總體綜合性的政策。即使表面上把話說得那麼好聽，想欺騙日本國民，在一九九七年年底採取兩兆日圓特別減稅方案就是緊縮財政失敗的證據，很清楚就是為政策轉換作佈局。因為日本人很寬容，所以政府只要能不再繼續欺騙人民，坦誠認錯，重新調整方向的話，日本人能再給日本政府一次機會。

看到這一連串的因應措施，使我想起一九三三年時的「銀行假期」事件。當時美國的銀行全面停止營業，美國的金融體系事實上已經瓦解了。歷史學家休雷珍葛描寫當時的社會氣氛：「由於宣布銀行假期，使得全國各地都開始彌漫著一股隱約像春天般的氣息，……宛如此時就是最糟的時刻，似乎看得到此後景氣只會好轉的跡象。」總而言之，前總統胡佛或許是一位賢能的總統，但是並無法深刻體會到國民生活的疾苦。因爲人們認爲新任總統是一位能夠理解自己生活苦境的領袖，所以人們也都把這個嚴重的決定視爲樂觀積極的情勢。據說在「銀行假期」之後再度營業的銀行，存款的人比提款的人還多。然而，這也成爲盛大新政的出發。政治家也好，官僚也好，最重要的是先努力使國民恢復對國家、政府的信賴感。

如同前面所提到的，爲了解除經濟蕭條的危機，總是難以除去戰爭的蹤影。的確，一旦形成戰時體制，就必須要徹底重新評估之前的體制，所以就要進行某種改革。我們需要以和平的方式推動這種徹底的改革，而非以戰爭來促進這種革新。

※以世代交替完成革命

因此，首先要促進世代交替，應該把一切完全委託給年輕的世代來負責。世界的架構發生了這麼大的變化，舊世代的人無論怎麼努力也跟不上新時代的腳步。爲了打破現今這種封閉的局面，有必要在各個領域都徹底使之年輕化。即使在政治的舞台上，也不會永遠都是中曾根先生、竹下先生及宮澤先生的天下吧！

在經濟大恐慌時，支持羅斯福政策的人，是所謂智囊團的人們。這些人本來都是羅斯福總統在競選總統時曾與他們商量選舉策略的對象，不久這些來自美國各地年輕有爲的人才都加入白宮的行列，參與推動新政。在此之前，共和黨執政十二年之久，有才能的行政官員都驚訝地觀察新政的實驗。身爲羅斯福新政智囊團成員之一的哥倫比亞大學教授雷蒙．摩雷也回憶道：「當時他們如同一群侵略者一般站在華盛頓的街上。」當時首都聚集了從全國各地來的新政支持者，「好像要淹沒在這一大群朝氣蓬勃、充滿活力的青年洪流之中一般」。「他們顯得十分自豪、漫不經心、傲慢。因此，整體看來，積弊已久的共和黨員們則顯得太過愚蠢、死氣沈沈，知識上瀕臨死亡的狀態，只會發出不實

在的聲音罷了。」

的確，新政的支持者們各自的立場不同，彼此之間的利害相對立，而且一邊繼續從嘗試的錯誤中找尋答案。在此過程中，和華盛頓保守主義的政治家及官僚們雖然也發生摩擦及衝突，但是如果沒有注入這股新血的話，根本無法完成大膽的革新。

在時代發生重大改變的時期，如果沒有透過摩擦和衝突，是不可能使事情有所進展的。我們必須重新檢視到目前爲止所建構出的所謂「日本式的事物」，換言之，必須要發生「靜態的革命」。我不認爲現今社會上的精英分子能夠完成這樣的工程。因此，並非把未來交託在過去世代的人手上，即使是未知數，也只能將未來交在年輕世代的手中。

第7章 卸除保險閥行得通嗎？

一、英國資本主義

※歐洲的叛亂

今天，世界上充斥著所謂「英國資本主義」這種妖怪。

我們到目前爲止雖然思考了有關陷入經濟蕭條的現狀，但是在最後，讓我們把這個問題重新定位在歷史和文化的角度上來思考看看。此時的關鍵是「英國資本主義」。

我開始思考這個問題的契機，是因爲在一九九七年春天英國和法國舉行大選。英國在五月所舉行的大選中，保守黨大敗，現任首相梅傑失掉了寶座，從柴契爾夫人以來持續執政十八年的保守黨，在這次選舉中再度把政權交在工黨手中。我看到這結果，想到這簡直就和一九九二年美國總統大選，現任總統布希敗給了柯林頓的結果一模一樣，令人感到十分驚訝。這兩個選舉的共通點是現任者大敗，而且這兩位失敗者雖然都使景氣有所回升，也使失業率下降，經濟好轉，但卻在選舉中失敗。

表7-1　美國、英國選舉當時的經濟

美國（1992年選舉）			
91年　實質GDP	▲0.9%	失業率	7.5%
92年	2.7%		6.9%
英國（1997年選舉）			
96年　實質GDP	1.6%	失業率	7.5%
97年※	4.0%		5.9%

注：※表示以第一季的年率換算。

尤其是美國的總統大選在波斯灣戰爭之後，擊敗伊朗的指揮官布希總統在選戰中落選，日本認爲這是個令人意外的結果。當時，筆者因爲人在美國，所以能充分了解在日本所無法察覺的事，能理解布希爲何落選（有關這方面的細節，在拙著《曼哈頓一一六段的假日》（東京出版社）一書中有詳細的記載，所以如果讀者能參考此書的話，筆者將深感榮幸）。總而言之，在美國的中產階級開始沒落。當時，美國的經濟發生很大的改變，雖然景氣的確有所回升，但是另一方面，市民的生活卻逐漸受到威脅。由於中產階級沒落，合理化的風暴肆虐全美國，多數的市民都陷入一種「不知何時會被解雇」的恐怖及不安中，一般人民甚至被迫落到無法接受到滿意的醫療服務的下場。多數市民的心聲是：「即使景氣變得再好，自己的生活品質仍會變得更差，差到令人無法忍受。這種政治能算有益人民

嗎？」然而，柯林頓總統候選人看透社會這種扭曲的現象及人民的不安，而訴諸社會改革，他在選舉中獲得大勝是必然的結果。

這次英國大選，其情況也完全一樣。英國的景氣雖然很好，失業率減少，尤其當歐洲各國的失業率高達二位數而苦不堪言時，英國的失業率卻甚至降到百分之五點九。但是貧富差距擴大，和有錢人定契約的醫生能給予富人細心熱情的診斷及治療，但是另一方面，一般民眾在醫院如果不等候很長的時間就無法得到醫療服務，諸如此類現象，社會生活的扭曲變得更嚴重了。「經濟雖然好轉了，但是其好轉的方向是否有些不恰當呢？」國民的這番心情就是促使梅傑政權倒戈的原動力。

※「市場主義的民主主義」

現今全世界景氣最好的國家是美國和英國。美國的景氣擴大到今年已進入了第七年。紐約的股市也好，倫敦的股市也好，都持續創下歷史上的新高記錄。英國也好，美國也好，其生存之道都是排除政府的干預，徹底活用民間的活力及市場機能，易言之，其經濟就是貫徹「弱肉強食」想法的經濟。如果將民族的名字冠在前面，則將之稱為盎

格魯撒克遜資本主義。然而，這英國資本主義正統治全世界。

一九九七年，柯林頓總統在丹佛高峰會議中使用了「市場主義的民主主義」這個新的詞彙，並自吹自擂「美國即是成功的典型」。因爲，如果沒有美國的產品就無法構成支撐經濟的基礎建設，美國的基準已經變成基本標準了。舉例而言，在電腦的世界，如果沒有微軟的windows這種軟體和英代爾公司的微型處理器這個心臟部分的零件，便無法組成一部能使用的電腦。如今在世界藉由情報而結合爲一的時代裡，對電腦的需求日益增加，所以可以預期微軟公司及英代爾公司這兩個企業將日益擴大。此外，過去的社會主義各國也都一起從計畫經濟轉移爲市場經濟，美國的會計師及律師一舉進入這些國家，教導其資本主義的法律及會計架構。如今經濟已收斂成一個世界，物品也好、資金也好、服務也好，企業的各種競爭都在共通的競技場上展開。如果競技場變成同一個，則其競爭需要有共通的規則及規範，握有主導權的美國將可行使相當大的影響力。

如此一來，經營的方式也將受美國作法的影響。對企業業績所作的評價取決於市場，股市便是一個好例子。如果不能提高生產利潤，股價就漲不上去，更進一步甚至會成爲其他企業購併的目標，所以經營者爲了提高利潤，傾全力採用裁員等合理化的手段。受美國這種作法影響最深的，就是在之前令人看來覺得作風保守的歐洲。代表德國的汽車廠商賓士，其股票於一九九三年在美國紐約股市上市。歐洲的企業，尤其是大陸的企業，在之前都向長期有往來能夠信賴的銀行借錢，所以未必重視股票市場的影響力。因此，賓士敢在紐約股市上市其公司股票一事備受矚目，被視為「強烈表示要從歐洲企業蛻變為世界企業的企圖心」。

此外，一九九七年法國的汽車廠商雷諾，想廢止在比利時的工廠，而在工資比較便宜的西班牙設立新工廠，但是該企業這種大膽的提案受到法國及比利時的強烈反彈，公司勉勉強強放棄了該項計畫。企業想將工廠轉移到工資相對便宜的東歐及亞洲各國，以及採用大規模的人員裁減措施，這種變化不勝枚舉，光就其經營手法看來，歐洲企業也完全變成美國式的作風了。

※法國、歐洲的困惑

這種作法對歐洲人而言，當然引起反彈及不知所措。法國在一九九七年六月所舉行的大選可說就是這種象徵性的變化。以市場為軸的經濟，就是「優勝劣敗」、「弱肉強食」

的世界，所以對於弱勢的人而言，例如勞動者，心裡絕對很不是滋味。

本來，歐洲經濟統合及貨幣統合就是由法國社會黨前總統密特朗及EU前委員長多洛魯所提倡的，其目的是「在歐洲創造出更重視勞動者權利的安定社會、資本主義，而非美國式的資本主義」。人人都將之稱作「社會主義的市場經濟」「社會性的歐洲」。就某種意義而言，這種想法是在歐洲建築要塞以防止外界的毒害侵入，在其中靜靜地分享其繁榮的成果。但是，一九八九年柏林圍牆倒塌以來，社會主義各國都一舉加入市場經濟的行列，將整個情況改變了。即使是想在歐洲之內維持一個秩序，也會使全世界發生很大的變化，所以無法忽視這股潮流。毋寧說促進貨幣統一的德國和法國也捲入這個漩渦之中，逐漸傾向於美國式重視市場的經濟。看到一九九七年法國大選的結果，我很擔心「今日貨幣統一的變化和本來自己所預期的目標大不相同」。然而，這不也是多數歐洲人的心情嗎？

※擔心弱肉强食的社會

話說回來，民眾的這種不安也是持續存在繁榮的美國問題。美國的中央銀行、FRB

（聯邦準備理事會）的葛林斯班主席於一九九七年七月的議會公聽會上，關於今日的繁榮表示：「這或許是一百年內只有一次兩次的現象。」情報化進步的結果造成企業生產性增加，即使經濟持續成長也會不發生通貨膨脹，因之有可能使經濟構造發生很大的變化。這篇言論給予主張美國經濟已進入新繁榮時代的新經濟論者很大的勇氣。

另一方面，FRB主席葛林斯班先生也提及美國的陰暗面，也就是嚴重的勞動情勢。其中，即使在不景氣最嚴重的一九九一年，認爲自己或許會被解雇的勞動者明明只有百分之二十五，但是到了一九九六年，雖然景氣好轉，但是卻有百分之四十六的勞動者認爲自己或許會遭到解雇，其實有將近半數的勞動者擔心自己將失業。因爲企業經營者即使業績好轉，也不放鬆合理化的經營手段，勞動者爲了保住工作，不能不應企業的要求而壓低工資或者調低工資，情況好的人其實質工資則維持在原來的水準，也有不少人的實質工資是下降的。根據OECD（經濟合作暨開發組織）的調查顯示，在一九八五年時工資差距是三點七四倍，但是在十年之後的一九九五年成長爲四點三五倍，可以確認的是貧富差距擴大了。失業率確實是低於百分之五，實際上已接近完全雇用的水準了。但是，另一方面因擔心會被解雇而造成貧富差距變大，這就是全世界景氣最好的國家的實際狀況。

一九九七年八月，發生了對這股潮流的反動。美國的快遞業者UPS的國際汽車司機倉庫工人工會，從八月四日開始要求「使兼差的工人成爲正式員工」，而進行罷工。UPS因爲掌握美國快遞市場的百分之八十佔有率，所以對使用者有很大的影響力，像是醫藥用品的運輸、教科書的運輸、郵購販賣等，廣泛地產生問題。因此，政府也出面呼籲勞資雙方互相妥協，於八月十八日公司方面作了讓步，同意在五年內讓當初所提議人數的十倍員工，計一萬人，成爲正式員工，使這場糾紛於十五天內解決。

UPS的員工有三十萬名，其中有十八萬五千名屬於工會，其中的百分之六十爲兼差的工人。因爲兼差員工的工資比正式員工的工資低，公司利用這種雇用形態，以削減人事費用而提高利潤。因此，這場爭議造成了很大的影響。尤其是在勞動者之間引發了強烈的關注，關心自身的權益問題，國際汽車司機倉庫工人工會的上級團體AFL-CIO（美國勞工聯盟與產業勞工組織），全面支援工會的抗爭行動，形成了社會問題。於糾紛告一段落之後，工會的凱利委員長歌頌工會的成果「戰勝了企業的貪慾」，哈曼勞工聯盟長官也將這次的抗爭高度評價爲「邁向二十一世紀的工作典範」。相對於此，經營方面則表示，「這成爲提高成本的要因，使企業的負擔變大」，對此事件的評價呈現兩極化。雖然也有人認爲，這場勞資糾紛可視爲勞資關係上的歷史性事件，但是之後美國企業也不放鬆其合理化的經營手段，所以評價似乎還言之過早。這個問題不過是冰山的一角而已，在繁榮的背後隱藏著扭曲的現象，在未來將更形擴大，恐怕不久之後會變成更大的社會問題。如果政府和企業的經營者已經看到這種情況的話，就不會自豪地認爲美國的經濟一切都很順利，也不再無條件地全面讚美英國資本主義的優點。

※沒有航海圖的航行

在這種情況下，雖然各國也都對未來產生不安，但爲了對未來的展望有所突破，持續進行嘗試性實驗並改正錯誤，以達到預期的效果。舉例而言，在歐洲也探索第二、第三種方法以取代英國資本主義，各國互相提供主意。最關心的問題是確保就業，歐洲委員會在一九九七年十月整理出如下的提案：「到二〇〇三年之前，要創造出一千兩百萬人次的新就業機會，將失業率從現在的百分之十點六降低爲百分之七。」接下來，提出如下的具體化方案：一、減低企業的社會保障費用負擔，以增加就業機會。二、促進制

度改革，即使換工作，也不會因年金及健康保險給付問題而有所不利。三、擴充職業訓練制度以增加新產業的就業機會。四、爲了增加女性就業機會，增設保育設施，對兼差的工作沒有差別待遇。爲了實行這些提案，在十一月召開了就業高峰會談，但是還沒有討論出具體的對策。

實際上只能出現增加所謂工作分攤制這種想法，也就是減少個別員工的工作和薪水，增加該部分的就業機會。德國也好，荷蘭也好，都有相同的想法。基於這種想法，法國左派內閣的橋斯班首相提出在西元二〇〇〇年以前，工作時間將由現在的每週三十九小時減少爲每週三十五小時的方針，在一九九七年底的內閣會議中通過該項提案。法國的失業率高達百分之十二，居歐洲之冠，此外因爲年輕勞動者的失業率很高，所以成爲社會不安的原因，這是根據這種情況而採取的措施。但是，縮短工時而維持原來的工資水準，會造成勞動成本的上升，經營者認爲這種措施會減損企業的國際競爭力，而強烈反對該法案的立法。另一方面，到了一九九八年，要求提高失業津貼金額的抗議活動蔓延到法國各個角落，巴黎的商品交易所曾一度被佔領而引起風波。政府被夾在勞方及資方的中間，處境相當困難。

柯林頓總統雖然提出「市場主義的民主主義」，但是雷斯達．撒羅表示，資本主義和民主主義有矛盾的作用。「不管民主主義對各位多麼冷酷，各位還是擁護民主主義——這是制度的使命。民主主義有責任要處理資本主義所產生的不平等、減輕其不平等。資本主義的力量和民主主義的力量如果稍微有偏差的話，就會發生衝突，但是到目前爲止，尙未發生大規模的衝突。」（《資本主義的未來》一書）但是，這並不保證在未來能不發生衝突。邁入二十一世紀之際，究竟什麼才是能使我們找到幸福的道路呢？我們將持續進行各種方式的探索吧！

※開始運作的金融改革方案

話說回來，看到這種世界的趨勢，我們在邁入二十一世紀進行國家建設之際，要朝哪個方向前進才好呢？橋本首相所提出的金融徹底改革方案的理念，舉出了自由（free）、公正（fair）、國際性（global）。世界經濟收斂成爲一個無國境的世界，爲了在新完成的秩序中能夠生存下去，要改變之前的社會和經濟結構，進入弱肉強食的英國資本主義的框架之內。換言之，也是要改變我們之前的完全互助合作的生存之道，問題不是

單純地僅限於經濟或者金融的層面而已。

金融改革措施已經開始發生作用了。舉例而言，日本長期信用銀行於一九九七年決定和瑞士銀行進行資本及業務這兩方面的合作。合作的過程中，這兩家銀行以投資顧問、證券商、有錢人爲對象，成立了三個私人銀行的合資企業，但在這合資企業使用英文爲標準語言。明明是在日本的公司，而且是在日本工作，卻不能使用日語。現實已經演變到這種情況。由於拓銀和山一證券公司的倒閉而得知市場的力量，以及從一九九八年四月開始修正外匯法，使國內外資金的流動變得更自由，所以一定會加速這種變化。

二、卸除保險閥行得通嗎？

※新政的相反

如果觀察現今世界的潮流，會驚訝於在所謂「自由化」、「放寬限制」、「財政效率化」等宣傳標語下，新政時代的政策逐一被推翻掉。就金融的世界而言，美國證券和銀行分離的體制逐漸瓦解，如今兼營銀行和證券業務的萬能銀行成爲主流。美國的壟斷禁止法事實上已經被刪掉主要的部分，在一九九七年承認美國波音公司和道格拉斯這兩家超大型飛機商的合併案。此外，日本在戰後也禁止公司壟斷，然而對被批判爲在經濟大恐慌時創造泡沫經濟原動力的控股公司（譯注：購進他公司全部或大部分股分而加以壟斷的公司）也解除禁令。這些變化都是由於經濟的世界收斂爲一個世界，企業爲了要在國際上的競爭能脫穎而出獲得勝利，而在體制上作調整。但是，各大企業在資本主義下進行扭曲的競爭，結果爲了禁止大企業的橫行霸道，或者爲了避免消費者蒙受損失，而設立這些制度。這些制度和社會保障制度一樣，應該是社會和經濟的保險閥。單方面地卸除這種保險閥，眞的不會發生問題嗎？

柴田德太郎表示，這種保險閥已經沒有作用了。世界經濟藉由新政等政策完成了防止經濟大恐慌的架構。第一，爲了促使金融系統的安定化，制定了以「金融機關的限制和存款者的救濟」爲根基的制度，其中包括了剛才所提及的證券和銀行分離、設立了保險制度。第二，爲了防止世界性的經濟混亂，在第二次世界大戰之後，確立了布雷頓森林體制（譯注：國際貨幣基金組織在會員國陷入國際收支危機時，提供短期貸款，貸款

額以各該國在該基金中原出資比例爲標準），成立了IMF（國際貨幣基金組織）。第三，爲了防止發生經濟大恐慌，在景氣衰退時，提出了財政政策以創造需要的想法。

但是，這種架構到了一九七〇年代之後逐漸陷入僵局。第一，金融體系由於「放寬限制」，增加了資金調度及資金運用的自由度，但也因此使金融體系潛藏不安定的要素，而且，因爲有「救濟機構」的存在，使經營者偏向於漫不經心的經營，產生所謂「道德危機」的問題。第二，支持這種制度的主要國家——美國的國力逐漸衰退，同時也因轉爲採用變動匯率制度，而淪爲債務國，也使國際金融體系變得不安定。第三，在經濟運營的政府角色方面，也因爲各國都擁有慢性的財政赤字，使政府體制變得不能輕易出動財政政策。

※貧富的差距

經濟大恐慌的原因被認爲是購買力的不足。雖然進入了所謂大量生產、大量消費的時代，但是由於消費者並不擁有充分的購買力，所以產品不如預期般的暢銷，結果造成這種差距的擴大，使經濟破產。的確，像是以汽車爲首的商品雖然充斥整個市場，但是消費者多數是勞工階級，並沒有足夠的錢可以來購買。其理由之一是由於貧富差距的擴大。

在一九二〇年代的美國社會裡，階級的差別很明顯。就人口數而言，只有百分之五的人口能夠擠進所得分類裡最高的階層，但是這百分之五的人口卻能得全體個人所得的約三分之一。當時的經濟是藉由昂貴的設備投資及奢侈品等充沛的消費所支撐的。因此，一九二九年十月美國紐約股市的重挫影響很大。根據美國布魯金斯研究所的調查顯示，在一九二九年當時的美國全部家庭中，年收入有一萬美元以上的家庭不過佔百分之二點三而已，年收入在兩千美元以下的家庭佔全美的百分之六十。然而，兩千美元不過是「只能購買基本生活用品而已」，即使是在一九二〇年代的黃金時代，大多數的平民也不得不過著近乎貧困的生活。

※造成泡沫經濟的大企業

產生這種貧富不均的背景之一，是由於當時企業的作法。到了二十世紀初期爲止，由於所有產業的中小企業進行合併的動作而逐漸產生大企業。US鋼鐵、國際收穫、美國香

煙等企業都是在這時候成立的。即使進入了一九二〇年代，企業的合併熱潮依然不衰，以電力、瓦斯、水道等公營事業爲中心，營業地區不同的企業，彼此之間進行合併。在當時所使用的方式是以控股公司的方式進行合併。

這種大企業保有各自的支配性地位，對於生產和價格的決定有很強的影響力。在二〇年代時，各產業的生產性雖然增加了，企業的利潤也大幅改善，但是蒙受此恩惠的是股東及經營者，而非勞動者。舉例而言，美國的鋼鐵工業從一九二一年到一九二九年爲止，生產性雖然提高了百分之六十八點四，但是勞動者的工資卻只增加百分之二十二點九而已。

企業盡力以取得內部保留權，幾乎連設備投資的資金也都由自有資本來維持，在股票熱潮盛行時，企業剩餘的資金甚至貸款交到購買股票的股票經紀人手裡。在一九二九年十月紐約股市重挫之前的一年之間，股票經紀商的貸款實際上雖然呈現了有高達百分之七十三的成長，但是其中有將近百分之六十的資金是來自於公司企業。總而言之，因爲利益分配構造的扭曲，使資金沒有運用到必要的地方，獲得高額剩餘資金的企業及大投資人造成了泡沫經濟。

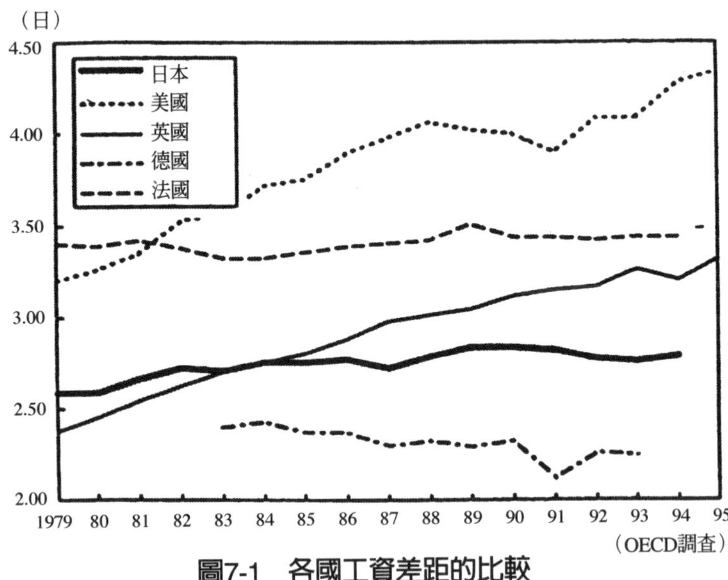

圖7-1　各國工資差距的比較

資料來源：OECD的調查。

※再度使貧富差距擴大

基於對這種社會的反省而產生了新政。但是，在英國資本主義的世界裡，基於「洗練的資本主義」和「粗糙的資本主義」一樣，或者更會增加企業的力量，反之會減弱勞動者的地位。根據OECD（經濟合作暨開發組織）的調查顯示，貧富的差距在日本、德國、法國幾乎沒有任何改變，但是在美國和英國卻有顯著擴大的趨勢。舉例而言，在這十五年間，美國最貧階級和最富階

級之間的倍數，從三倍增加爲四點五倍。依這情況看起來，簡直就像是要回到經濟大恐慌開始時一樣。

雖然防止經濟大恐慌的架構陷入僵局，但是各國卻更加朝著「卸除社會和經濟保險閥」的方向前進。不加以反省而朝此方向進行眞的可以嗎？

三、債權國、經濟大國的責任

※始於日本的經濟恐慌

我們在此回到原點。如今世界正以特別的關心注視著日本的情況。「不會發生始於日本的經濟大恐慌嗎？」的確，如果日本的金融體系瓦解，陷入經濟大蕭條的陷阱之中無法解脫的話，這將不會單單是日本的問題而已。

如今亞洲的經濟瀕臨危機，亞洲的經濟也還依然找不到解決的方法，而陷入一片愁雲慘霧的狀況中。而且，ＩＭＦ和亞洲各國對於找出因應對策方面的意見，各持己見僵持不下，使問題變得更表面化。這問題的根源在於文化的對立，生活方式的不同。同時，也可說是要選擇「英國資本主義」呢，還是要選擇第二、第三條路的問題，就此意義而言，這的確也令日本頭痛。雖然日本身負重任且處於此問題的中心，但是其態度卻搖擺不定。

在經濟大恐慌時，美國和當今的日本一樣，雖然身負重任，卻猶豫不前，不能果斷地面對難關提出解決之道。

※美國的失敗

美國在第一次世界大戰之後雖然成爲世界最大的經濟強國，同時也成爲世界最大的債權國，但在當時美國突然間身負重任而不知該如何是好。「美國雖然取代了英國而成爲資金的主要來源，雖然充滿熱情，可惜的是缺乏經驗以及基本的方針理念。」

美國爲了戰後的重建，積極將資金投注於戰後荒蕪的歐洲。但是，不久就對國際金融完全漠不關心。因爲，在經濟大恐慌時，這種投資引起反效果，在一九三〇年代之前，美國的投資人擁有很多的外債而動彈不得。

金朵伯格在《大不景氣下的世界》一書裡不斷重複表示，在兩次世界大戰期間，美國的責任重大。在一些重要關頭之中，首先嚴格彈劾在一九三〇年通過的關稅法，而使世界貿易急速收縮。「美國在扮演債權國的角色一事上失敗了。在該法案上簽名成了歷史性的轉捩點。這不只是技術性、經濟性的問題而已，這很清楚意味著現今沒有人能負起責任來處理有關世界經濟的問題。」

接下來，在一九三一至一九三二年所發生的國際金融危機被提出來批評。一九三一年奧地利的安休多魯信用銀行面臨經營危機時，面對奧地利中央銀行的要求，英國的中央銀行只提供極小額的信用額度，結果無法使該銀行避開危機。這表示作爲最後可提供資金的債權國英國的末日到來了。在此期間，美國也從歐洲把資金撤回去，這更增加了國際金融混亂的嚴重性。最終美國也無法向英國提供更多的資金。「英國不具備那種能力，美國則沒有那份心意。」

更進一步，在一九三三年所召開的世界經濟會議，期待或許能成爲解決經濟大恐慌的開端，各國都力圖使貨幣市場安定，而想解決世界經濟混亂的局勢，但是，到了最後關頭快要達成協議之際，羅斯福否決了很有可能會限制本國貨幣政策的法案。羅斯福總統在其就職演說中斷言道：「國際貿易即使是十分重要，但基於使國內經濟維持健全的意義上而言，國際貿易的重要性只是次要的。」而且當時所作的決斷，對美國而言，也「唯恐為了促使世界經濟安定所採取的景氣刺激方案，會產生只求速度不求品質的協議」，所以連美國的代表團都甚表驚訝。

無論如何，在經濟大恐慌時，缺乏有責任的領袖。歷史學家E．H．卡表示：「一九一八年時，雖然幾乎是全體一致同意將全世界的領導權委託給美國，但是卻遭到了拒絕。」美國是在第二次世界大戰之後，才終於負起這個責任。

※巴比特之國

摩根集團重要合夥人之一的湯姆斯．拉蒙多，回顧當時的情況：「美國人在一九二〇年代的十年內，雖然有極大的財富和力量去處理事情，但是美國甚至預料不到自身有使世界安定、為世界帶來和平的可能性及潛在能力。」

這個時代的美國被批評為「巴比特之國」。《巴比特》（*Babbit*）一書是在一九三〇年經濟大恐慌最嚴重時，美國人初次獲得諾貝爾文學獎的作品，該書是辛庫雷雅．路易斯

的代表作。該部作品的主角巴比特雖然在美國的中西部因不動產事業而飛黃騰達，但卻覺得與生活於新時代的孩子們有疏遠的感覺，巴比特自己的內心並不覺得滿足。因此，他開始嘗試自己的冒險，和過去的客戶管理房屋的一位寡婦陷入一場戀情，但是最後巴比特還是回到了妻子的身邊，回歸平穩的家庭生活。小說裡所描寫的巴比特雖然是一位相當富有魅力的人物，但是之後巴比特卻成了一般名詞，代表「視野窄小而且滿足現狀、只考慮自己的工作、只對社會上的成功有興趣的小商人」之意。就此意義而言，巴比特象徵一九二〇年代的美國人對事物的思考方式，今日的日本人也和其相差不遠。

※能依賴美國到幾時呢？

日本以及現今世界的經濟是依賴美國。亞洲經濟局勢的混亂到了極點，而日本永遠也找不到解決問題的頭緒，歐洲各國因即將到來的一九九九年貨幣統一問題也絞盡腦汁。相對於此，景氣很好的美國從全世界各國進口商品，而且在各國進行投資，表現得一枝獨秀。問題是，美國能夠支撐世界經濟到幾時呢？

如同在本書的第五章所提到的，美國的經濟即使是很穩固，但是只要看到紐約股市

的動態呈現泡沫經濟的樣態，便讓人感到紐約股市的脆弱，不知道紐約股市何時要崩盤。如果美國的經濟陷入一片混亂，紐約股市因此而重挫的話，這眞的就會造成一九三〇年代世界經濟大恐慌的重現。美國如今雖然的確是充滿活力，但是不再是過去超級大國的美國了。美國於一九八七年淪落爲純債務國，到了一九九七年則擁有八千七百億美元的外債而成爲全世界最大的債務國。美國的景氣早晚也會減速、衰退的。而且，在美國國內保護主義的動態變強，這樣的國家應該不能永遠照顧全世界的經濟吧？

各國的中央銀行以手中所持有的美元購買美國的國債作爲外幣準備。有趣的是，到目前爲止，隨著中央銀行保有額度的變化，美元的匯率行情也跟著起伏。**圖7-2**是從一九九六年度下半期開始爲期一年之間的變化，央行保有額在一九九七年春天達到巔峰，之後開始逐步下降，美元的匯率行情好像和這變化相連一般，也從一九九七年春天的一美元兌換一百二十七日圓，下跌到一百一十三日圓的行情。亞洲的中央銀行從亞洲金融危機開始，要賣掉手中所持有的美元。如果看到過去的圖表的話，很容易發現和美元的貶值有關。一九九五年曾跌破一美元兌換八十日圓的匯率，當時亞洲各國的中央銀行將手中所持有的美元轉換爲馬克和日圓。總而言之，當時各國都很清楚地意識到美元並非唯

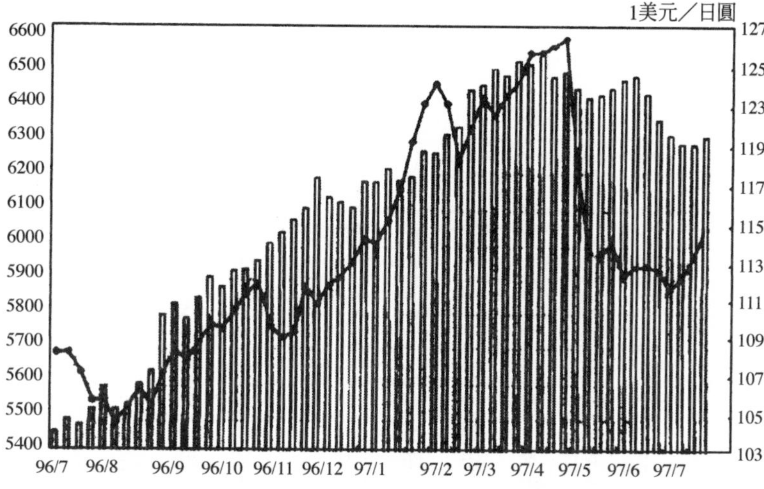

圖7-2 海外中央銀行所保有的財務證券保有餘額及匯率（1996-97）

一的基軸貨幣。如果像現在一般持續增加進口的話，美國的貿易赤字也會擴大。如此一來，不久就會造成美元貶值，這種「美元不安」的問題，有朝一日會再度浮出檯面。世界經濟有如履薄冰之感。

如同過去英國將霸權讓給美國一般，如今美國也無法炫耀其霸權的時代來臨了，只能靠美國、亞洲、歐洲三者之間互相合作。而在這種潮流下，日本顯然無法避免其應負的責任。

如今，即使說日本負有國際性的責任也只是虛有其名。總而言之，日本須努力不要成爲世界的負擔，至少不要成爲經濟混亂的根源。

但是，從外表看來日本的情況並非如此。日本當局即使對日本再沒有信心，日本依然是全世界第二大的經濟強國，此事沒有任何改變。如果日本一蹶不振的話，全世界將因此而受到連累。所以日本重整經濟的責任之大，遠超過我們所能想像的。

爲了使亞洲恢復活力，只能靠增加出口一途。但是，因爲不能永遠依賴美國，自然而然就輪到要依靠日本。如今亞洲各國的貨幣雖然貶值，但並沒有因此使出口有所成長，而感到相當苦惱。因爲企業缺乏購買材料和零件的周轉資金，總之，日本有必要先從向這些國家提供資金援助一事開始作起。接下來，日本必須重整經濟並大量進口這些國家的產品。在這過程中，日圓如果走強的話，亞洲各國的貨幣走勢也會跟著被拉抬上來，恢復對亞洲貨幣的信心。但是，只有這樣是不夠的。如同中前忠所指出的，由於這次貨幣匯率的快速走貶，使亞洲各國的對外債務急速增加。舉例而言，韓國在一九九六年末有一千億美元的外債，韓國的GDP以當時的匯率來計算約有四千八百億美元，但是韓元貶值了百分之五十之多，結果以最近的匯率來計算的話，GDP只有兩千三百億美元。因此，其外債高達其GDP的將近百分之四十之多，令人不得不懷疑其還債能力。如

果是印尼的情況則更是極端，因爲印尼盾貶值高達百分之八十，若以美元來計算的話，GDP從兩千三百億美元變成只剩下四百億美元。順便說明一下，因爲印尼的外債是一千四百億美元，所以根本沒有能力償還。

其實這種債務問題在經濟大恐慌時也發生過。當時，像德國這種在第一次世界大戰的戰敗國需要負擔很重的賠償責任，和這次的金融危機一樣，無法償還這些債務而造成國際金融的混亂。在這種情況下能作些什麼事呢？債權國不是將債務國的欠款一筆勾消，或是暫時將該筆債務束之高閣，別無其他選擇。這時，日本的金融機關能否有這樣的決斷力，或者能不能禁得起這種經營情勢？日本能否成爲金朵伯格所說的「最後的債權者」，而避開經濟混亂的情勢呢？問題已經蔓延到這種程度。到目前爲止，所須做的是不要引發「始於亞洲的經濟大恐慌」，在不要產生「始於日本的經濟大恐慌」時，我們有必要負起這些責任。

筆者觀察現今的動態，自然浮現出經濟大恐慌時三國貨幣協定的情景。一九三六年時，英美法三國利用法國法郎貶值的機會，彼此訂立協定，使這些國家的貨幣不要再繼續走貶，至少透過這些措施可以使在全世界所展開的貨幣貶值戰爭暫時結束。如今，中

國政府正努力不使人民幣貶值。如此一來的話，就輪到日本要再加把勁了。如果美國能持續維持好景氣、中國能下定決心守住人民幣不使其貶值、而日本能夠完成經濟重建的話，的確就能夠期待像過去英美法三國訂立貨幣協定時所發揮的效果。

四、在亞洲的主導權之爭

※幻滅的亞洲貨幣基金

在一九九七年所發生的亞洲金融危機當中，發生了令我們去思考關於日本的責任的事件。那即是幻滅的「亞洲貨幣基金」的構想。在經濟發生混亂的情況下，東南亞各國基於為未來作準備的心態，產生以亞洲各國為中心而成立基金的這種構想，這即是「亞洲貨幣基金」的萌芽。其開始的機緣是於八月十一日統一對泰國提供金融支援。支援的細目如**表7-2**所示，總額一百七十二億美元中，有超過半數以上的資金援助是來自於亞洲各國。雖然是由IMF負責管理這筆資金，但是IMF不過負擔了相當於總額的四分之一

罷了，IMF只要求各國經濟運作而不提供資金，對於此，泰國表示相當不滿。實際上，藉由亞洲各國的攜手合作就能夠挽救泰國的金融危機，所以才會有將這基金組織化的構想。

但是，美國、歐洲和IMF強烈反對該基金的創立，使該構想遭到很大的阻力，十一月在菲律賓所召開的相關國財政部長代理會議中，使「亞洲貨幣基金」的創設延期，取而代之的是決定強化IMF的機能，使IMF能夠盡速因應貨幣危機及金融危機。

表7-2　對泰國的金融支援

總額172億美元	IMF	40億美元
	國際機構	27億美元
	世銀	15
	ADB	12
	亞洲各國	105億美元
	日本	40
	中國	10
	澳洲	10
	香港	10
	新加坡	10
	馬來西亞	10
	韓國	5
	汶萊	5
	印尼	5

※冒極大危險的日本

最終無法實現的亞洲貨幣基金構想浮現出兩個問題。第一日美兩國關於亞洲的主導權之爭，第二是歐美和日本對於經濟運作想法的對立。日美之間的對立，的確也是因日本有不小心之處。這個基金的構想本來是由東南亞各國所提出的，但是日本在和歐美進行交涉時，站在前面成爲眾矢之的。在此期間，財政部的財務部長榊原向橋本首相提出「一千億美元基金」的建議，這消息傳到國外，給人的印象是提出這基金構想的主角是日本。就IMF看來，「自己明明存在，卻還需要成立另一個組織來從事和自己所作類似的工作，這簡直就是企圖想取代IMF的陰謀詭計」。顯然對日本產生強烈的不信任感，尤其是美國認爲「日本表現得好像是亞洲的霸主似的」，而強烈反彈。

因爲東南亞各國的貿易交易是以美元爲基準，而且進口東南亞各國產品的大客戶是美國，所以就美國看來，亞洲有自己形成經濟圈的意識。相對於此，日本向亞洲各國出口很多產品，卻一點也不進口亞洲的產品，對亞洲產生龐大的貿易出超。而且，日本在亞洲各地成立現地工廠，換句話說，日本透過迂迴的方式將產品出口美國，使美國對日本產生不信任感。此外，日本提出一千億美元基金的構想，以一美元兌換一百二十日圓換算，則這筆基金就有高達十二兆日圓的規模，其規模之大令美國大感震驚。

到了一九九八年，印尼盾再度貶值，美國政府立刻採取行動。財務部副部長撒瑪斯爲前鋒，國防部長柯恩相繼多次訪問東南亞及中國大陸。如果再這樣放任不管的話，不

僅印尼的蘇哈托體制會瓦解，也容易造成印尼的內亂，甚至內戰。一旦貨幣危機變得更嚴重的話，這不只是單純的經濟問題了，甚至會威脅到亞洲的安全保障。美國政府是基於這種強烈的危機感而採取行動的。接著，美國政府和印尼蘇哈托總統約定，要求其遵從IMF的指導行事，和掌握問題關鍵的中國大陸政府約定好「人民幣不要貶值」，使事情平靜下來。總而言之，美國這個國家是從這種角度思考問題、觀察事物。與美國相較，幻滅的亞洲貨幣基金的構想只是讓人們了解到日本經濟外交的不成熟及界限，顯然日本是在冒極大的危險。

※文化的對立

亞洲貨幣基金的幻滅所浮現出的第二個問題是，經濟運作思考方式的差異，可說是因文化對立所造成的根深柢固的差異。由於第二次世界大戰爆發才成立的IMF，對美國等同盟國有很強的影響力及發言權。曾經是戰敗國的日本及當時仍是小國的亞洲各國，事實上覺得臉上無光，這種立場的對立也成爲背景之一。關於亞洲貨幣基金構想的對立，其直接的原因如同先前所提及的，亞洲各國有如下的心情：「美國和IMF太過於重視市場，對各國嚴格要求要採取緊縮財政或金融政策時，也應該考慮亞洲的地域性，同意其採取柔軟的對策。」亞洲流派的經濟運作可說是——雖然不是忽視「市場」，但是「也認同政府的參與」，亞洲貨幣基金的構想換句話說，是彼此性情相知相投合的同伴之間互相幫助。馬來西亞的總理馬哈地在亞洲金融風暴時，公開指名批評投資人喬治·索羅斯，要求將投機客趕出市場之外。雖然這個意見顯得比較極端，但是歐洲及美國等國認爲這象徵亞洲式的想法。但這究竟是美國及ＩＭＦ所無法接受的思考方式，美國及ＩＭＦ認爲「這種態度導致了今日的經濟混亂，所以應該將經濟運作徹底委託給市場機能」，暴露出文化衝突般的對立。

在亞洲貨幣基金的構想中，日本向美國所提出的原案裡，有「也考慮亞洲的地域性」這個條款，暗地裡也蘊含著採用日本式經濟運作的宗旨在內，但因爲這種衝突正盛，所以引發美國對日本的怒氣及不信任感。本來所謂亞洲型經濟就是日本型經濟，所以產生了「罪魁禍首不就是日本嗎？」這種情緒。

這種東西方文化的對立，在對韓國提出金融支援的交涉上表現得更明顯。ＩＭＦ不僅對韓國要求採取經濟緊縮，也要求韓國政府採取強硬手段，以解決財閥及政府勾結的行

爲，韓國的報紙報導「財閥被迫解體」這種極嚴重的內容。韓國的金融危機是由於大財團習慣於高度經濟成長，依賴貸款進行企業多角化，在這過程中造成過剩投資，及財團之間展開過度競爭引發的缺失。接下來，政府也將資金重點地分配給重化學工業等產業政策的重點部門，也就是大規模的財團企業。如此一來，因爲金融是由政府主導而執行，所以金融機關的經營者缺乏嚴格性，也沒有培養出審查能力。泡沫經濟瓦解，不良債權膨脹，在一九九七年九月末，民間銀行有近二十八兆五千億韓元的總股東資本、綜合金融公司有三兆九千億韓元的總股東資本。從這個過程看來，ＩＭＦ支援的條件裡，也加入了「關閉難以重建的金融機關」這個項目。

如同這一連串的改革使用「ＩＭＦ的信託統治」一詞般，傷害到韓國人的自尊心，所以早就從各方面引起反彈。和ＩＭＦ協議的內容，包括「依據政府決定禁止救助個別企業」，及「到一九九七年年末爲止，將外國人的投資限額擴大到百分之五十五」項目。使經營不下去的韓國企業成爲外國企業購併的對象，爲這些企業開一條生路，起亞汽車公司早就成爲外國企業購併的對象而被議論著。

此外，關於「企業解雇制度」的導入，使雇用問題成爲關心的焦點。該制度在景氣低迷時及爲了使生產性提高，允許企業解雇員工，在一九九六年底雖然曾暫時通過該制度，但是引起勞工方面強烈反彈，因此決定暫緩兩年再導入該制度。接下來，IMF在這次的融資條件中包含了「促進勞動市場流動化政策」這一項，對於這個方面，工會這次顯示出接受的態度。但是，當失業者充斥街頭時，憑這種政策是不能使問題平靜下來的。而且，韓國的工會強而有力，所以新任總統金大中先生也一定苦無對策。

※日本式模型的終止？

在這次亞洲金融風暴所展現的金融支援政策可看出，如今在世界上以國力強大而自豪的美國排除萬難而展現出的價值觀及作風。但是，這刀刃並不是僅指向亞洲各國，如今「很有可能成爲世界經濟大恐慌的導火線」這種不信任的眼光，也指向經濟一直低迷不振的日本。

亞洲問題的根本在日本，這種說法是美國的判斷及認識。在IMF擔任亞洲經濟問題的副專務理事費雪，在一九九七年十二月初的記者招待會上，甚至斷言道：「韓國陷入經濟危機一事，表示日本式的經濟模型已經行不通了。」

的確東亞各國繼承日本的成長模型而發展起來的。例如以出口爲主導的經濟成長路線、透過限制分配資金等不勝枚舉。日本式的經濟運作方式散布在亞洲各國，使亞洲的經濟呈現不穩定的局勢，但即使如此，日本卻一點也不照顧亞洲各國的經濟，只要求亞洲各國購買自己的產品而已。這就是日本元兇論。因此，就某種意義而言，針對亞洲各國所開出的藥方，也就是針對日本所開出的藥方。我們爲了要打開目前的僵局，不是包含經濟和社會體系在內都要進行徹底改革，徹底實行美國式的市場主義，就是要以獨自的方式，也就是到目前爲止所引以爲傲的日本式作法，找出解決方案。

我們在思考未來時，雖然也有不少人主張所謂日本型的第三種方法，但我覺得這種說法實在令人懷疑，它並沒有眞正去整理出什麼日本式的作法，而只是如此高聲呼籲。歐美的學者對於ＩＭＦ在處理亞洲問題上一直採取緊縮的經濟運作方式，也提出「以成長爲目標的對策不是更有效嗎？」這種批判。的確，如果日本可以用獨自的方法解決現今的難局的話，那就能夠確立「日本型的經濟」模式。接下來，這模式也就能夠成爲尾隨日本之後的亞洲各國的指導方針。

這也是亞洲各國的願望。韓國金融研究院的朴英哲院長向大家呼籲道：「絕對不可忘記東亞各國繼承日本的經濟成長模型，而使經濟成長的事實」，此外，「日本的問題很難和香港、韓國的問題分開。……亞洲各國尚不習慣英美式的模式，而且因爲英美投資人的不合理行爲，甚至對英美作法抱有恐懼感。此時正是日本透過對亞洲各國進行支援，對亞洲的共存共榮作出貢獻的時刻」。

※和時間抗戰

要怎麼做才能逃脫經濟大蕭條的陷阱呢？其實找不到「這樣作就沒有問題」這種適當的答案。如同在本書第四章所讀過的，世界性的經濟大蕭條只能透過戰爭來解決。因爲沒有適當的前例，所以我們只能靠自己的想像來思考。如果有前例可循的話還算好，總之對於不善於自己思考問題的我們而言，這眞的是很困難的課題。但這對外國人而言也是一樣，只能在手中沒有航海圖的情況下，毅然出發揚帆出海去。總之，我覺得好像要大膽地提出一切想得到的方案，而且只能盡快採取行動。

日本所面臨到的變化比一九二〇年代的美國所面臨到或許更快、更大。即使看國內環境，高齡化社會已經發展到這種地步，但是社會卻還沒作好準備，而且泡沫經濟瓦解

後，經濟也無法重整，很有可能會把這些混亂的情勢帶進二十一世紀。即使看國際環境也一樣，不只是經濟課題而已，政治課題也呈現在眼前。在日本和美國之間決定好經濟穩定方針，對日美安保條約進行實質地重新評估，日本不論願意與否，在國際政治及安全保障的問題上，有義務要負起和其大國身分相符之職責的時代已經到來了。我們不從正面來努力解決這些問題，只是到處亂竄，對事情的變化只會感到困惑不已，一味地因課題之大、之多而畏縮不前。

問題愈拖會變得愈嚴重，結果是和時間競賽。因爲我們的社會在面對二十一世紀，會以相當驚人的速度高齡化，所以面對新時代，我們並沒有太充裕的時間作準備。而且，當前的問題是，我們並不知道所依賴的美國何時會垮，日本何時會撐不住。就這雙重的意義而言，我們的改革勢必得被迫和時間作競賽。

後記

本書的目的及經過如同在本書的序章所提及的。我在思考問題時如同自己在製作地圖。此時，一定需要橫軸和縱軸。如果縱軸是時間的話，則橫軸就是空間。所謂時間就是歷史，自己面對非思考不可的問題是經過怎樣的過程，將這故事的來龍去脈放在腦海中。空間是就國際性的視野來看要如何定位之意。因爲有必要考慮到是到處都存在的普遍性問題，還是個別、特殊的問題，所以爲了要洞察現今所發生的事件而完成本書，作爲指引，如果本書能對讀者諸君有益的話，則深感萬幸。

具體提到要出書是在一九九七年十一月十四日當天，日本東京股價指數跌破一萬五千點大關時。兩個月之後要截稿，這對我而言是相當困難的作業。因爲在此期間，社會上發生很劇烈的變化，所以也必須要跟上這股潮流，這是一件雙重艱辛的工程。但是，身爲一名記者能夠碰到六十年才有一次的變化激烈的時代，也是十分難得的事。

在我執筆本書的過程中，出現了許多自己不了解的問題。財政部的前財務部長行天豐雄先生表示：「這次的問題比表面上所出現的還要更難以解決。」在本文中提到了韓國和香港。中國是亞洲及世界的火藥庫，但中國的問題的確是好像很嚴重。因爲，筆者在這次無法作充分的調查及了解，所以想把中國問題當作下次的課題來討論。此外，在本文中也幾乎都沒有提及中南美的問題，筆者因爲不能憑著一知半解的知識來執筆，所以這也將作爲我此後要探討的課題。

在執筆撰寫本書時，得到很多位朋友、前輩的協助及指教。在本文中雖省略掉對各位的敬稱，並非對各位有不敬之意，乃是因涉及歷史的關係，對過去的人物不使用敬稱及避免不統一，才敢這麼做，請多包涵見諒。

話說回來，承蒙日本總研若月三喜雄理事長多方面的指教。他陸陸續續創造出許多巧妙的標語，諸如「打扮症候群」（筆者將之改爲「端坐症候群」）、「財政厭食症」、「金融自閉症」，連身爲新聞記者的我都自嘆不如。前輩山田吉孝先生在百忙之中，撥冗閱讀拙稿，也提供我許多寶貴的意見。東京三菱銀行及日本興業銀行調查部的各位在平常就給予筆者諸多照顧，藉此機會表示由衷的謝意。野村總研的理查．庫先生、住友信託的伊藤洋一先生，以及三和銀行的齋藤滿先生不斷給我知識上的刺激。

本書完成之際，承蒙東洋經濟新報社的大西良雄先生、東京出版社的尾上進勇先生，以及石渡君子先生多方照顧，才能順利出版。

最後，我由衷感謝妻子明子及孩子們，在我執筆寫作的這段期間，包涵我在家的時候只是整天面對著電腦寫作，讓家人感到寂寞。謝謝你們包容我隨心所欲、任意而爲。

全球經濟大蕭條

NEO 系列 5

作　　者／山田伸二
譯　　者／楊雯琇
出 版 者／揚智文化事業股份有限公司
發 行 人／葉忠賢
總 編 輯／孟　樊
執行編輯／閻富萍
登 記 證／局版北市業字第 1117 號
地　　址／台北市新生南路三段 88 號 5 樓之 6
電　　話／(02)2366-0309　2366-0313
傳　　眞／(02)2366-0310
印　　刷／偉勵彩色印刷股份有限公司
法律顧問／北辰著作權事務所　蕭雄淋律師
初版一刷／2000 年 6 月
定　　價／350 元
原文書名／世界同時デフレ
©SHINJI YAMADA 1998
Originally published in Japan by TOYO KEIZAI SHINPOSHA
Chinese Edition published by arrangement with TOYO KEIZAI
SHINPOSHA in association with Bardon-Chihese Media Agency/Japan
Uni Agency, Inc.
Chinese Copyright ©2000 by Yang-Chih Book Co., Ltd.
All Rights Reserved
for sale in worldwide

南區總經銷／昱泓圖書有限公司
地　　址／嘉義市通化四街 45 號
電　　話／(05)231-1949　231-1572
傳　　眞／(05)231-1002

ISBN　957-818-118-3
網址：http://www.ycrc.com.tw
E-mail：tn605547@ms6.tisnet.net.tw

＊本書如有缺頁、破損、裝訂錯誤，請寄回更換＊

國家圖書館出版品預行編目資料

全球經濟大蕭條／山田伸二作；楊雯琇譯. --
初版. --臺北市：揚智文化，2000〔民 89〕
面：　公分. --（NEO 系列；5）

ISBN　957-818-118-3（平裝）

1.金融恐慌

561.78　　　　89003753